中华爱国
人物故事
ZHONGHUA AIGUO RENWU GUSHI

民族英雄林则徐

苟利国家生死以的林则徐

黄云鹤　编著

吉林人民出版社

图书在版编目(CIP)数据

苟利国家生死以的林则徐 / 黄云鹤编著. -- 长春 :
吉林人民出版社, 2011.5
(中华爱国人物故事)
ISBN 978-7-206-07869-9

Ⅰ. ①苟… Ⅱ. ①黄… Ⅲ. ①林则徐(1785 ~ 1850)
- 生平事迹 Ⅳ. ①K827=52

中国版本图书馆CIP数据核字(2011)第075664号

苟利国家生死以的林则徐

GOULI GUOJIA SHENGSI YI DE LIN ZEXU

编　　著:黄云鹤
责任编辑:王　斌　　　封面设计:七　洱
吉林人民出版社出版 发行(长春市人民大街7548号　邮政编码:130022)
印　　刷:鸿鹄(唐山)印务有限公司
开　　本:670mm×950mm　1/16
印　　张:8　　　字　　数:70千字
标准书号:ISBN 978-7-206-07869-9
版　　次:2011年5月第1版　　印　　次:2023年6月第4次印刷
定　　价:35.00元

总　序

胡维革

《中华爱国人物故事》是一套故事丛书。它汇集了我国历史上80位古圣先贤、民族英雄、志士仁人、革命领袖、先进模范人物的生动感人史迹,表现了作为中华民族优秀传统的伟大的爱国主义精神。

爱国主义是人们对于“生于斯、长于斯、衣食于斯”的祖国的一种神圣感情,是人们对于自己民族的一种强烈的责任感和使命感,是感召和激励整个中华民族的一面永不褪色的旗帜。在漫长的历史上,爱国主义一直激励着中华儿女为祖国的独立、统一、进步和繁荣而英勇奋斗。从伟大的思想家教育家孔子到统一全国的千古一帝秦始皇,从秉笔直书著《史记》的司马

迁到鞠躬尽瘁死而后已的诸葛亮，从伟大的浪漫主义诗人李白到精忠报国的民族英雄岳飞，从七下西洋传播友谊的郑和到抗击倭寇的民族英雄戚继光，从苟利国家生死以的林则徐到为变法流血的第一人谭嗣同，从威震敌胆的抗联将军杨靖宇到人民音乐家聂耳与冼星海，从踏遍青山人未老的李四光到万婴之母林巧稚，从县委书记的好榜样焦裕禄到情系雪域献身高原的孔繁森……都表现出了强烈的爱国主义精神。正是由于热爱祖国的人们前仆后继地奋斗，国家和民族才得以生存，历经一次次历史危急关头而能转危为安，走向兴盛和富强，从而屹立于世界民族之林。爱国主义是鼓舞中华儿女历经忧患、跨越沧桑、百折不挠、自强不息的伟大力量，它贯穿于中华民族的整个历史，并有力地凝聚着五洲四海的中国人。

爱国主义是一个历史的范畴,在社会发展的不同阶段、不同时期有着不同的具体内容。革命时期,需要我们为祖国的独立自主出生入死;建设时期,需要我们为祖国的繁荣富强增砖添瓦;在全国各族人民团结一心建设富强、民主、文明、和谐的社会主义现代化国家的今天,我们要争做一名新时期的爱国者。新时期的爱国者要有强烈的民族自尊心和自豪感。民族自尊心和自豪感是任何时期任何爱国者都必须具备的情感。民族自尊心能增强我们自立向上的恒心,民族自豪感能树立我们建设祖国的信心。要树立"祖国高于一切"的崇高信念,为了祖国和人民的利益不惜抛却个人的利益,甚至不惜牺牲个人的生命。要树立终身学习的理念,拓

宽自己的知识面,广泛吸收新知识新技术,完善自身的知识结构,更新学习知识的方法与理念,从思想上、知识上充分武装自己,为祖国的繁荣昌盛贡献力量。

爱国主义思想的继承和发扬,是关系到民族盛衰、国家兴亡的根本问题。一代代人爱国主义思想情操的形成,需要不断地培养。培养爱国主义的一个重要途径是向爱国主义的英雄人物和典范事迹学习。这套丛书的出版,对于人们向英雄和先进人物学习,特别是对于在中小学生中进行爱国主义教育,将可提供一些生动的教材。祝愿此书出版发行成功,为培养"四有"新人做出贡献。

于2011年4月23日

世界读书日

编 委 会

目录
CONTENTS

目录 ○
CONTENTS

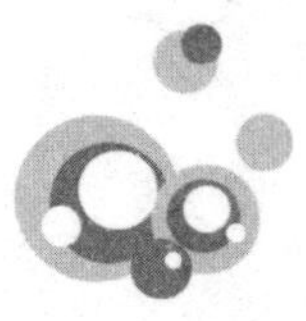

树立救国救民的远大志向

1785年8月30日子夜，林则徐出生在福建侯官（今福州市）。

林则徐的父亲名叫林宾日，是一位以教书为生的穷秀才。他已有几个女儿，曾有一个男孩儿，不幸出生几个月便夭折了。林则徐的出世给这个家庭带来了无限的欢乐和希望，林宾日高兴得连嘴都合不上了。传说这一天夜里，林宾日在梦中看见凤凰飞翔，孩子的出世，使他马上联想到有“天上麒麟”称誉的南朝才子徐陵，感到这是个不同寻常的吉兆，便给这个孩子取名则徐，字石麟。当然，传说只能是传说，不足为据，但是父亲望子成龙，盼孩子将来有个好的前程——光宗耀祖的心情是很迫切的。

林则徐小的时候，家里非常贫穷。林氏家业从他祖父时就开始衰败。林宾日自幼便随父亲出外奔波谋生，

13岁开始入私塾读书，成年后，因家境贫困，不得不出外当私塾先生。辛辛苦苦挣点儿钱，在左营司巷置了一间小屋，建立起小家庭。他一面养家，一面苦读，希望有朝一日金榜题名，步入仕途。先后考上秀才，补为廪生，后因眼疾，只好放弃这条道路，与妻子辛勤养育子女。林则徐出生后，其家境毫无改观。据说，林家只有除夕才能吃上一顿素炒豆腐。家中的小油灯经常是昏暗不明，林则徐在灯下读书，而他的母亲、姐姐就借着微弱的灯光做针线活、剪纸花，贴补家用。也只有在除夕，挂在壁上的油灯才有两根灯芯。

林则徐（1785—1850），福建侯官（今福州）人。他于1839年受命为钦差大臣，在查禁鸦片和抵抗外国侵略的斗争中，为国家为民族做出了重大的贡献，不愧为中华民族的大英雄。

在封建社会里，穷人家的孩子要想出人头地，必须走科举的道路。林宾日在科举中耗尽了青春，仍没有获得一官半职，只好把希望寄托在儿子的身上。林则徐从3岁起，父亲便不管刮风下雨，每天都把他抱到自己教书的私塾里，让他坐在自己的膝上，授以“四书五经”，父亲念一句，他跟着念一句。不仅白天学，晚上回家在油灯下，继续填鸭一般地硬灌。从6岁起，父亲便教他做八股文。读书经与做八股文是通向仕途的敲门砖，只有学好，才能有机会做官。林则徐从懂事起就知道学习的用途，所以非常刻苦。

林则徐的母亲陈帙，又名文华，出生于1759年，是福建县宿儒陈时庵的女儿。自小心性聪颖，跟父亲读过一些诗书，又跟母亲学会了一手好针线。18岁时，以媒妁之言，遵父母之命嫁给林宾日为妻。

母亲对林则徐品格的影响甚大。为了养活全家老小，陈帙跟人学会了剪纸手艺。她在福州左营司巷典来一间矮屋，将家迁往城里，从事剪纸，开始了她的新的艰苦生活。

陈帙从事剪纸，技艺高超，她剪的草木花鸟，一茎一叶栩栩如生，招人喜爱，拿到市场出售，顾客争相购买，十分畅销。

陈帙爱子如掌上明珠，尽管剪纸繁忙，对林则徐仍然精心培养。丈夫早出晚归，她忙里抽闲，将儿子抱在膝上，教他唱儿歌，读诗句，为他讲童话故事。因此，林则徐从小学会诵诗、对联，开始有“文名”流传街邻。有人特意试林则徐的才学，出上联：“母鸭无鞋空洗脚”，他随口应对“公鸡有髻不梳头”。陈帙听了，连说：“对得好！对得好！”拍掌鼓励儿子。

林则徐在母亲的循循善诱下，学习兴趣更浓，灵性进一步开发，有人竟称他为“神童”。

林则徐自7岁开始，白天跟父亲到私塾读书，晚上回家，摆张小桌子在母亲剪纸的房间借光夜读。他与母亲接触多，自小从母亲的言传身教中懂得了不少为人处

镇远炮台清兵营房

世的道理。

剪纸本是细活，陈帙为使自己的手工艺品畅销市场，更是十分讲究。每当加工顾客定购的商品时，陈帙反复叮咛女儿："细心出好货，精工成佳品，来不得半点马虎。"有时又顺势教导儿子，"你读书、做事何尝不要细心？古人说，差之毫厘，失之千里。遇事只有加倍细心，才能超常出众。"林则徐牢记母亲教导，办事从不马虎。

陈帙为赶制顾客急需的手工艺品，往往在孩子睡后，独自一人工作到鸡鸣五更。林则徐一觉醒来，见母亲又通宵达旦。望着疲惫至极的母亲，泪水早已模糊了双眼。他走到母亲身旁，劝母亲赶紧休息，但母亲却说："为了养活全家，我们只有千方百计满足顾客需要，来扩展剪纸业务，怕苦怕累怎么行！"林则徐陷入了深深的沉思。他想：母亲不辞辛劳，自己今后只有刻苦学习，将来也好为国家干一番事业，才能对得起母亲。

陈帙忙碌了一天一夜，第二一大早，又不顾疲劳，拿着剪纸制品，赶往市场出售。林则徐对疲惫的母亲总不放心，常跟着母亲一道去。一路上，母子俩总有说不完的话。有时，陈帙对儿子说："我的手工艺品少数是自己直接出售，多数是经商人之手转卖。我们手艺人与商人的关系，就像鱼水一般，密不可分。"林则徐通过耳闻目睹，逐渐懂得了商业在社会经济活动中的重要性，后来研究经世致用之学，又把握了商品经济日益发展的趋势。他在后来的政务活动中，特别注意利用商业来调剂社会经济。为了济荒，他曾采用供给米商资金、减免米商资金、减免米商税征、严禁胥吏勒索商人等办法，鼓励米商积极贩运粮食，造成米商相互竞争，达到降低米价、实现政府济荒的目的，这一举措，既赈济了灾民，又有利于商业活动，这在当时是一个大胆的创举。

陈帙依靠剪纸收入，养活着一个多口之家。好心的

“虎门故事”商业街场景

邻居见林家如此拮据，纷纷劝陈帙让儿子停学做事，但她坚决不同意。正是母亲的坚持，林则徐才考中秀才，进入鳌峰书院读书。在这里，林则徐得到良师郑天策的指教。他将读书和母亲的言传身教及自己种种遭遇联系了起来，懂得读书必须有目的，读书的人一定要爱国、爱民，要关心人民的疾苦。从此，他逐渐树立起“救时济世”的志向。

林则徐为了救时济世，喜欢读经世致用之书。当时林家很穷，他怕母亲为难，不愿开口要钱买书。陈帙节省别的开支，尽可能为他购书，实在筹不到钱，还不惜典当衣服。林则徐深受感动，对母亲充满敬爱之情。看见母亲那疲惫的身躯和憔悴的面容，他非常不安，总想

『虎门故事』渔业场景

让母亲多吃一点，更想代母亲操劳。但陈帙把儿子叫到身边，正颜厉色地说："男儿要志向远大，应该全神贯注，读书有成。不要在一些小事情上尽孝道。长大后，能为天下老百姓做些好事，就没有辜负我抚育你的一片苦心。"经过母亲这番训示，林则徐进一步理解了母亲的心。他决心以实际行动报答母亲的抚育之恩。

陈帙对林则徐一生影响巨大。她不仅养育了林则徐，而且铸造了他的灵魂。但这种"铸造"主要是通过一些人们不甚注意的平常言行，潜移默化地产生影响。

陈帙一生同情穷人，救难济贫，她嫁到林家后，尽管自家穷，但只要见到别人有疾病、丧葬等事，仍然及时解囊相助。一次，林则徐的三伯父徐天策家断炊了，陈帙马上将自家仅有的一点儿米送去。事后却对儿子说："你伯父来，绝对不要说我们家还未生火做饭。"这事给林则徐以很深的影响。

父母的教诲和自己的发愤刻苦，使林则徐很快便成为远近闻名的"神童"。有一次，老师带着林则徐等学童游鼓山绝顶峰，一时兴起，出"山""海"二字，叫学童们各做一对七言联句，当别的学童还在冥思苦想时，林则徐已做出"海到无边天作岸，山登绝顶我为峰"的佳句，得到老师和众学童的一片喝彩。

1796年，12岁的林则徐岁试中佾生，参加郡试，他与一位老童生的成绩最优，难分上下，考官只好面试才学，出对曰："童子何知？"林则徐首先对曰："大人利见。"老童生一时应对不上，叹道："老夫耄矣。"这样，林则徐拔擢第一。次年参加科试，中秀才，旋入鳌峰书院读书。

在鳌峰书院读书期间，是林则徐人生中一个重要阶段，关系到他的人生观与世界观的形成。鳌峰书院的地位是当时福建的最高学府，山长（院长）郑光策是一个进士出身的士大夫，不仅学识渊博，而且关心时事，刚直不阿，对当时的社会腐败现象十分不满。他鼓励学生要有振兴国家的志向，要有目的地读书。林则徐在郑光策的指导下，勤奋钻研传统知识，接触各种经史典籍，从中汲取营养，大大地开阔了视野。

另外，还有当时著名的汉学家陈恭省（又名寿祺）对他的影响也很大，逐渐形成了他自己经世致用的思想。在阅读史籍中，他对历史上反抗外敌、保卫疆土、视死如归、慷慨就义的英雄人物，如李纲、岳飞、文天祥、于谦等深深地敬佩。尤其是南宋的抗金将领李纲，是福建邵武人，是林则徐的老乡，为保卫南宋江山，统率军队抵挡金兵侵扰，后来遭到投降派的诬陷，被罢职斥逐出京。李纲死后，福建人民为他建立了祠墓。林则徐经常前去凭吊，并与学友梁章钜等人修葺李纲墓地。后又将李纲祠从越王山麓移建到石湖荷亭，并亲自为之树碑题联，表达对这位抗金英雄的敬佩。书院七年苦读，是林则徐从幼稚走向成熟的一个重要阶段。父母师长的教诲，书院学风的熏陶，奠定了他关心国家民族命运、关心民生利病的思想，树立了救国救民的远大志向。

镇远炮台露天炮位

忧国忧民的林青天

1804年，年仅20岁的林则徐考中举人，取得到京城参加会试的资格。举人，是他父亲奋斗半生终未取得的头衔，林则徐年纪轻轻就摘取，使其父母高兴万分。揭晓的那天，他迎娶郑淑卿，洞房花烛，喜结连理。双喜临门，林家充满了欢乐。林则徐从此告别了学生生活，步入社会，进入人生的另一个阶段。

1805年，林则徐束装就道，前往北京参加会试。母亲为他准备好了一切，没有路费，母亲将她珍藏多年的首饰变卖，作为儿子的路费，当她将这笔钱交给儿子时，母子俩都泪流满面。

一路上林则徐游历名山大川，陶冶性情；寻访民情风俗，开阔了眼界。会试结果，却名落孙山。为了谋生，他和父亲一样，当了私塾先生。不久，他接受厦门海防同知房永清的聘请，担任书记。于是，林则徐前往厦门，从此走上了一条新的生活道路。厦门海防同知是“管理海口商贩、洋船出入收税、台运米粮、监放粮饷，听断地方词讼”的官吏。林则徐办事认真，一丝不苟，受到上司的器重。福建巡抚张师诚见了林则徐办理的文牍，非常欣赏，立即将他招入幕府，司笔札。张师诚在乾隆时曾任内阁中书、军机章京、吏部主事，嘉庆时外放，历任府、道按察使、布政使及巡抚等职，是一个老成练达的官吏。林则徐在他的幕府中前后四年多，学到了有关吏治兵刑等典章制度和实际的统治权术，为日后林则徐成为统治集团一名出色的成员准备了条件。林则徐非常感激张师诚的识拔与培植。1821年，林则徐为张师诚六十寿辰所写的贺诞文中充分表达了这种深厚的感情，其中“而乃下车伊始，侧席为招”即指这种非同一般的遇合而言。正由于有这种感情，林则徐对张师诚一直是以师礼相事的。

“虎门故事”凤冈书院场景

1809年，林则徐第二次参加会试，仍没有成功。同年7月，回到福州，仍入张师诚幕府。

1810年11月，张师诚赴京觐见，特地带林则徐一同北上。

1811年春，林则徐第三次参加会试，榜列第七十四名，复试一等，殿试二甲第四名，朝考第五名，赐进士出身，选翰林院庶吉士，自此跻身于官场。

林则徐入翰林院庶常馆后，就被“派习国书”，学习满文。他对习清书感到苦恼，写信对张师诚说：“已起炉灶，工既什佰，费更浩繁，习此者无不畏难，而则徐尤多棘手……以钝根人学新样枝，其势定难见功，将来散馆一关，深堪惴惴！”1814年5月散馆，他与吴慈鹤以满汉书同试，名列第一，授为编修。8月充国史馆协修。第二年改任撰文官。

嘉庆时期，北京的官僚、士大夫之间唱酬蔚然成风。林则徐参加了同僚们组织的宣南诗社，应邀和诗友们畅谈经纶，饮酒赋诗，给他留下了愉快的回忆：

宦游我忆长安乐，听雨铜街梦如昨。
朝参初罢散购骛，胜侣相携狎猿鹤。
清时易得休沐服，诗人例有琴尊约。
金貂换取玉壶春，斗韵分曹劈云膜。

在灯红酒绿的京华，林则徐的俸银仅二百，不够应酬，需要林则徐弄文舞墨来贴补用度。林则徐对奢华的应酬越来越感到厌烦。因此，他对庸俗的应酬谢绝前往，然后抓紧时间“力学而潜修”。对于京畿一带大旱大饥问题，他广泛收集了元明以来几十位官员有关兴修畿辅水利的奏疏和著述，查阅内阁藏的清代档案文件，认真思考前人提出的在京畿附近兴修水利、种植水稻的意见，写成了《北直水利书》，认为直隶“水性宜稻，有水皆可成田”，如果种植水稻，可以满足京师对粮食的需要。

严阵以待场景

面对英国侵略者的武力威胁，林则徐、邓廷桢、关天培以及广大官兵加强战备，增筑靖远炮台，随时准备打击侵略者。

在此期间，林则徐曾经两度奉命出京，充任地方乡试考官。

1816年9月，林则徐到南昌充江西乡试副主考官。

1819年9月，林则徐在云南主持乡试，任正考官。他严格依照八股取士选拔“文理优长”的“真才”，令当地士人“感悦奋发”，称赞“自庄蹻启域、汉武置郡以来，未有如今日之盛也”，因此林则徐博得了“公正清廉”的名声。

1820年3月，林则徐出任江南道监察御史。他揭示了河南巡抚琦善督修河工的种种弊端，建议朝廷查封料贩囤积居奇的河工材料，平价收购，以供河工之需，嘉庆帝采纳了他的意见。5月10日，林则徐在京察中名列一等，记名以道府用。6月，林则徐实授浙江杭嘉湖兵备道。从此，他离开了生活7年的北京，开始了担任地方官的政治生涯。

林则徐所处的时代，正是清朝封建统治处于腐败没落、走下坡路的时期，天朝大厦处于风雨飘摇之中，内忧外患交织侵扰。官僚贵族如同饿虎豺狼，残酷地压榨百姓，兼并地产，官场一片黑暗，贪污公行，真可谓“一年清知府，十万雪花银”。例如，道光年间的直隶总督琦善，就占有土地250万亩，金银珠宝不计其数，百姓给他起了个外号——“黄金贼”。广大劳动人民在封建地主官僚剥削压迫下，饥寒交迫、流离失所，过着牛马不如的生活。哪里有压迫，哪里就有反抗，18世纪末，终于爆发了大规模的起义——白莲教起义。1813年天理教起义军杀入北京，直捣清廷的老巢。

林则徐刚刚走上仕途，就面临社会矛盾尖锐、社会经济凋敝不堪、满目疮痍的局面。他为了挽救清王朝这个将倾大厦，救民于水火之中，立志要做一个清官、好官。鸦片战争前，他先后任过江南道监察御史、江苏按察使、江苏布政使、湖北布政使、东河河道总督、江苏巡抚、两江总督、湖广总督等职。所到之处，他都除弊兴利，放赈救灾，兴修水利，整顿漕务，发展农业，打

销烟场景

1839年6月3日到25日，林则徐在虎门海滩当众销毁1 188 127千克鸦片，在世界禁毒史上写下了光辉的篇章。

击恶霸，替民申冤，被百姓称为“林青天”。

林则徐每到一处为官，都非常重视兴修水利，他曾镌刻一枚图章，上刻“管理江淮河汉”，立志尽最大可能解除长江、淮河、黄河及汉水等河流给百姓带来的水患。在他做地方官期间，为治水患，他的足迹遍及大江南北。在任江南道监察御史时，到任不久，河南仪封（今兰考县）洪水泛滥，肆虐的洪水淹没了村庄，冲走了庄稼，广大百姓逃离家园。而负责水利工程的河南巡抚琦善办事无方，水利工程迟迟不能完成，那些不法商人乘机囤积居奇，建筑材料十分昂贵，水利工程无法进行下去。望着白茫茫的大水，林则徐心情十分沉重。他连夜上奏皇帝，要求查封所有的河工物料，平价收买，保证供应。皇帝采纳了他的建议。于是，治水材料得到保证，河岸工程顺利完成，消除了水患，难民重返家园，林则徐受到了百姓的爱戴和皇帝的赞许。

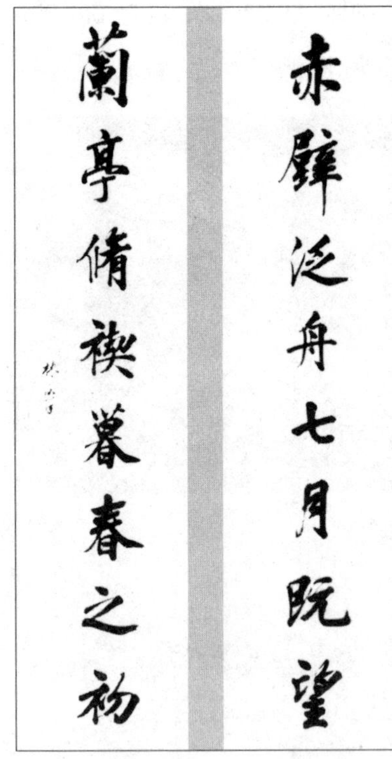

林则徐书法

江苏是林则徐担任官职最长的地方，他先后在江苏任过按察使、布政使和巡抚。江苏本是鱼米之乡，河湖港汊密布大江南北，素有“泽国”之称，土肥水足，富甲天下，是中国农业、手工业和商业最发达地区，也是清政府漕运枢纽。在林则徐的想象中，江苏本应该是山清水秀，景色迷人，百姓富庶，一片繁荣。可是，他一踏入江苏的土地，映入眼帘的却大大出乎意料。凄风苦雨、残破不堪，到处是衣衫破烂的灾民。大雨连绵、洪水横行，成了真正的“泽国”。而那些地方官横行霸道、贪赃枉法、为所欲为，根本不管百姓死活，依旧催逼赋税、地租。这些沉重的灾难使得百姓卖儿卖女，妻离子散。当时重灾区松江的农民无路可走，准备揭竿而起。巡抚韩文倚连夜调兵遣将，要用武力镇压。身为按察使的林则徐听到消息后，焦急万分，他急忙找到巡抚韩文倚沉重地说道：“巡抚大人，小民敢聚众造反，是被迫无奈所致。民不畏死，奈何以死惧之。动用军队弹压，反而会激起更大的叛乱。这好比治水，堵总不是个办法，必须疏通，才能解除水患。现在当务之急是筹集粮食，赈济灾民，才是解决发生民变的好办法，不知大人意下如何？”

韩文倚看看林则徐，沉思一会儿说道：“好吧，就按你的想法办，你速去筹办。”

林则徐一面开仓放赈，一面减免当年的赋税，平息了灾民的反抗情绪，百姓免遭杀戮，缓解了一触即发的阶级矛盾，从此林则徐的名望日高。

林则徐任江苏布政使时，长江两岸的灾情仍十分严重，那些大地主、奸商乘机囤积粮食，粮价高得惊人，百姓无钱买米，所以，不断地出现抗租抗税。林则徐到任后，一面安抚百姓，一面打击奸商，强迫他们开仓放粮、赈济灾民。

户部尚书潘世恩家在江苏，他家有米万余石，正好潘世恩在家为其父守孝，林则徐便带着部下去潘府。

进府后二人寒暄了一会儿，林则徐便对潘世恩说："大人，听说贵府有几仓陈粮，不知可否做些善事，救救灾民?"

潘世恩连忙摆手摇头地说道："哪里，哪里，那几个粮仓都是空的，本人非常想救济灾民，可实在是无粮可放啊。"

林则徐见他不肯放粮，眉头一皱，计上心来，遂高声说道："既然大人有几个空粮仓，不妨借我一用，来人哪，将潘大人的粮仓封上。"

随从们迅速封上粮仓，潘世恩气得脸色发紫，拂袖走入后堂去了。

第二天清晨，林则徐在潘府门前开仓放粮，灾民们领

石狮

石质。一对两件，造型大小相同，皆为雄狮。狮高157.5厘米，宽63.5厘米，长130厘米。石狮前脚直立，后脚伏地，呈蹲踞状。双耳后竖，双眼圆睁，口中牙齿上下相错，含有圆球，颌下有须，狮尾搭在后背上，狮身遍刻毛纹。狮的姿势雄壮威武。清嘉庆年间刻，原立于广东水师提督衙署前。现藏鸦片战争博物馆。

到粮后，欢天喜地。从此，林则徐的名字更是家喻户晓了。

林则徐勤勤恳恳、忧国忧民，受到了道光皇帝的赏识。

1832年3月，他被提升为江苏巡抚。消息传开后，江苏各地百姓欢呼雀跃，奔走相告。林则徐赴任时，江苏的数百万百姓成群结队出来欢迎。

林则徐一方面为百姓的爱戴所感动，另一方面也为江苏的灾患和经济的不振感到忧虑。

江苏虽度过了水灾，但接踵而来的是饥馑和瘟疫，林则徐看到饥民脸如死灰、奄奄待毙的状况，十分焦急。屋漏偏逢连夜雨，他刚上任不久，江南一带骄阳似火，酷暑逼人，大地龟裂，又出现了极为严重的干旱。而江北洪泽湖地区却大雨滂沱，黄河大堤崩坍决口，淮扬地区一片汪洋。

面对这种局面，林则徐食不甘味，寝不安席，心急如焚。在带领灾民救灾的同时，又会同两江总督陶澍，向道光帝如实上奏灾情，提出减缓征收遭灾地区的钱粮、漕米的请求。而道光帝只关心从百姓那里征钱征粮，哪里管百姓的死活。他下旨责备林则徐说："作为朝廷大臣，应以国家利益为重，保证朝廷的供给与需要。不要以为民请命为名，沽名钓誉，以博个人声名。"

圣旨一下，林则徐的心情十分沉重，一边是嗷嗷待哺的灾民，一边是至高无上的皇帝，怎么办呢？他委屈、苦闷、彷徨、彻夜不眠，经过痛苦的思考，他决定继续上奏皇帝，陈情力争，不能怕丢官而置百姓的饥苦于不顾。

他担心会连累陶澍，便对他说："总督大人，将来皇上降罪下来，下官一人承担，绝对与大人无关。"

他奋笔疾书，写道："国家与人民是不可分开的一个整体，朝廷的一切开支都取之于民，民富国家强，民穷

鸦片战争博物馆

地处虎门镇大人山下，背山面海。这里是当年林则徐销毁鸦片的地方，现存有销化鸦片烟池遗址。入馆门，沿中轴线有抗英群雕塑像、虎门销化鸦片纪念碑和常年陈列《林则徐虎门销烟与鸦片战争史实陈列》的陈列楼。这里环境优美，是很有影响的旅游景区。

则国家弱。现在暂时减轻灾区的钱粮赋税，表面上看国家的收入是减少了，但等到渡过难关，恢复了生产，农商兴旺，国家的财政来源不就有保证了吗？这是杀鸡取卵与养鸡生蛋的关系。所以，眼下多对灾民放宽一分，就能够多培养一分灾民的元气，以利日后。不然一味苛求，灾民被逼无奈，就难保不会激起民变。”

道光帝素来贪财，当然不满意，可仔细推敲林则徐的上奏，又觉得有几分道理，决定养鸡生蛋，采纳林则徐的建议，下旨破例减免了江苏灾区的钱粮赋税。消息传来，灾民分外高兴，纷纷夸赞林则徐是个好官。当时大家都争着传抄林则徐请求减免缓征的奏折，连纸张也跟着昂贵起来。

林则徐在向皇帝奏请的同时，积极筹措钱粮，赈灾

威远炮台月台旧址

救民。他自己捐赠银两，其他官员绅商也不得不掏些腰包。时值年关，饥民食不果腹。林则徐看在眼里急在心上，为了将救灾的钱粮及物资最大限度地分给灾民，防止他人从中渔利盘扣，他决定派在苏州府学习的诸生一百零八人代替官绅放赈。

1833年大年三十，天下着鹅毛大雪，林则徐带着学生们在官府门前，给早已排在门外的灾民发放救济钱粮。百姓们感动得纷纷落泪。那些学生们为了纪念这次放赈，颂扬林则徐的功德，编写了一首《放赈歌》：

中丞筹画通权变，放赈恰趁诸生便。
岁暮人人假馆时，一百八图详堪遍。
向时设赈徒务名，此时设赈民欢忭。
贫民夜寒常不眠，终宵辗转泪如霰。
忽得中丞放赈钱，归家各各买秧荐。
贫民乏食行不前，榆糜杂进难充咽。
忽得中丞放赈钱，破灶生烟办宵膳。
贫民贫无骨肉缘，那顾伦常及姻眷。
忽得中丞放赈钱，夫妻父子欢迎面。
吁嗟嗷嗷数万人，感恩早被仁风扇。
况乃田城渐及乡，善政行看遍州县。

林则徐为了江南人民的长远考虑，从湖南、福建等地引进优良品种，进行实验、推广，提高粮食产量，还改变了江苏广大地区只种晚稻不种早稻的习惯，推行一年两熟的种植方法，从根本上解决了农民的粮食问题。

林则徐的为官之道，深得百姓的拥护，也得到道光皇帝的赞赏。“一时贤名满天下”，他每到一处，“扶老携幼，香花载道”，百姓热烈欢迎他。他的事迹被编为歌谣，四处传颂。

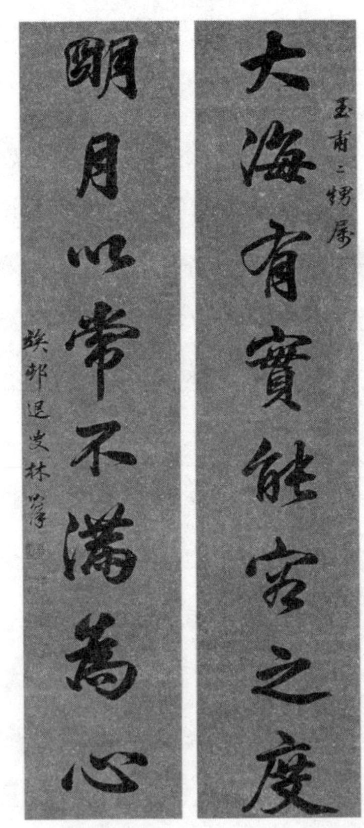

林则徐书法

始终不渝的禁烟之志

正当林则徐救民于水火、挽清廷大厦于将倾之际，英国等帝国主义已将侵略的魔爪伸向中国，图谋打开中国的大门，掠夺中国的财富。

最初，英国企图用工业品来占领中国市场。那些商人们带着在西方畅销的棉布、钢琴、钢叉、钢勺，甚至于睡帽等物品来到中国。他们想象着，中国有4亿人口，每人一顶睡帽、一柄钢勺，那将是一个多么可观的市场啊！可他们万万没有想到，他们的那些产品运到中国后根本就无人问津。

中国自古以来，便是男耕女织、自给自足的自然经济，农业与家庭手工业紧密地结合在一起，百姓的吃、穿、用基本上都自己生产制作，过着简单、封闭、贫困的生活，极少到市场上购买什么东西，更不用说英国那些不合中国民情又昂贵的产品了。

另外，清政府当时实行闭关锁国政策，对外限制贸易，只准在广州一地与外国贸易，其他口岸一律关闭。英国每年都要从中国进口大量的茶叶、蚕丝、瓷器等，与中国存在较大的贸易逆差，使英国资本家尤其不能忍受。他们一面谋求在中国开通商口岸，一面干起了卑鄙无耻的贩卖鸦片毒品的勾当。

鸦片，是由一种名叫罂粟的植物（又名阿芙蓉，俗称“大烟”）的果实汁液提炼而成，多产于印度、小亚细亚一带，具有强烈的麻醉作用，可以少量入药。若吸食很容易成瘾，吸上后飘飘欲仙，舒畅无比，麻醉性过后便涕泪交流，痛不欲生，只好继续吸食。长期吸食，使人精神萎靡，体弱无力，形容枯槁，骨瘦如柴，成了大烟鬼。

最早，鸦片是作为药物纳税输入中国的。当英国侵略者看到卖鸦片可以一本万利时，便用它做打开中国市场的敲门砖，使得鸦片像洪水一样涌入中国。

从19世纪初期开始，鸦片平均每年进口4 000箱，后来逐渐增加到万余箱；到了1839年，也就是鸦片战争前一年，猛增到每年4万箱。

这些鸦片就像是猛兽，吞食着大清王朝的肌体，给中国带来了毁灭性的灾难。

烟毒的泛滥，使中国的白银大量外流，造成朝廷的财源枯竭，国库空虚。同时，产生了大批的吸毒者，据统计，1835年全国吸食鸦片的人数约在二百万以上，其中主要的吸食者是那些贵族官僚、富绅地主、商人、衙门里的差役、军队的士兵及一部分手工业者。

那些官僚地主为了吸毒，变本加厉地从劳动人民那里榨取财富，一些富裕家庭因有吸毒的人都逐渐衰败了，广大劳动人民生活更加穷苦，负担更加沉重。官员们吸毒后成瘾，更是贪赃枉法，巧取豪夺，卖官鬻爵，无恶不作。整个官僚统治机构更加腐败黑暗。那些士兵吸毒后，为了得到银两，偷窃抢掠，横行不法，手无缚鸡之

威远炮台炮巷

力，毫无战斗力。一时军队里出现一种怪现象：士兵一手拿矛枪，一手拿烟枪，成为“双枪兵”。这些双枪兵们骨瘦如柴，脸色蜡黄，走起路来摇摇晃晃，像个病秧子。这样的军队怎能打仗呢？中华民族面临着一场严重的危机。走私贩毒成为帝国主义侵略中国的有效手段。面对民族危难，林则徐挺身而出，义无反顾地力主禁烟。

林则徐最早接触到鸦片问题是在他的家乡福建。福建位于东南沿海，很早就与西方有贸易往来，所以鸦片在这个地区出现得也较早。林则徐20岁时，在厦门为海防同知房永清当文书时，看到军队中的士兵及衙门中的官吏们吸毒，均委靡不振，如害痨病，他便对鸦片十分厌恶，对那些贩卖的人十分气愤。他很想知道鸦片是从哪里来的。他利用房永清管理外国船只进出口的有利条件了解到，每年一到西南季风时节，满载大小烟箱的英国船只便从印度孟买等地纷纷而来，停到零丁洋一带。而中国的一些烟贩子则用商船、渔船到零丁洋一带的英国船上取货，再转运到全国各地。这些以贩毒为生的鸦片贩毒集团人数众多，他们利用贩毒所获的巨利中的一部分贿赂上至朝臣，下至吏胥、兵弁，使得他们贩毒畅行无阻。林则徐对此非常痛心，决心有朝一日自己成为朝臣时一定从严惩处这些人。

林则徐在江苏为官时，便在江苏查禁鸦片的贩卖与吸食。江苏是中部省份，鸦片的贩卖走私不如南方沿海城市严重，但也很猖獗。

林则徐到任后，下令各地口岸官员严格检查往来船只，一旦发现鸦片一律没收销毁，切断鸦片来源。同时发布告示，对那些敢与洋人、奸商勾结贩毒的，无论何人，立即严办。并且下令禁止民间种植土烟，也不许百姓购买洋烟吸食。严格追查贩卖者，对那些吸食者实行“熬煎法”。

所谓的“熬煎法”，就是怀疑吸食鸦片的人几个或几十个一同关进一间屋子里，进门时严格搜查，就连他们随身携带的糕点等也要打开检查。进屋不许他们往来，也不必开刑拷问，过一两天，吸毒者烟瘾发作，熬不住了，便会打哈欠、流眼泪，十分难过，现出烟鬼的原形，想抵赖也赖不了。这个办法很灵，查出许多吸毒者。

为了帮助吸毒者戒烟，林则徐还向民间收集了十几种戒烟药方，其中忌酸丸和补正丸两种药方比较有效，吸毒者服药后，戒除了烟瘾，恢复了健康。

由于林则徐查禁有方，江苏境内贩毒、吸毒的人日益减少，林则徐也从江苏禁烟活动中积累了大量的经验，为后来大规模的禁烟奠定了基础。林则徐在江苏的禁烟，为全国的禁烟树立了榜样，受到朝廷的重视与百姓的赞扬。

烟毒的泛滥，给封建统治者敲响了警钟，无论是道光皇帝还是朝廷大臣都十分恐慌与震惊，面对国家白银大量外流，整个民族的身体素质每况愈下，怎么办？朝廷大臣们开始了争论。

朝臣中对鸦片的走私输入有两种主张：

一种是反对禁烟，以首席军机大臣穆彰阿、直隶总督琦善、大掌寺卿许乃济等人为首。

他们与那些从贩卖鸦片中获得好处或吸食鸦片的中央和地方官员组成反对禁烟派。他们打着为国家争取更多关税、解决银荒的旗号，主张鸦片可以按药材进口，课以重税。鸦片进口后，不准用白银购买，只准以货物交换。同时鼓励民间种土烟，用土烟抵制洋烟。他们还鼓吹鸦片无害，认为除官员、士兵不准吸食外，一般百姓不予禁止。这些害国病民的主张如果得逞，中国将变成鸦片的海洋，洋烟、土烟共同泛滥，那时就国将不国、民将不民了。他们代表了外国鸦片贩子及国内贩毒、吸毒者的利益，得到了这些人的支持。谬论一出，外国鸦片贩子便拍手称赞，称之为“聪明的办法”。

另外一种是主张禁烟，以鸿胪寺卿黄爵滋、湖广总督林则徐等人为代表。

黄爵滋，字德成，号树斋，江西宜黄人。道光三年（1823年）进士，由翰林院编修历任监察御史，兵科、工科给事中，鸿胪寺卿。道光十九年（1839年）后任大理寺少卿、通政使司通政使、礼部右侍郎、刑部右侍郎、左侍郎等职。他在鸦片战争前，创议禁烟应重治吸食者，挑起了在中国各省军政大吏中关于严禁、弛禁的一场大辩论，成为林则徐主持禁烟运动的发难者。鸦片战争爆发后，他奉派赴闽、浙查办鸦片走私问题和视察海防，坚持抵抗侵略的主张，揭露投降派的对外妥协阴谋，“一时以为清流眉目”。道光十八年闰四月初十日（1838年6月2日），黄爵滋在鸿胪寺卿任上，针对当时烟毒泛滥的

“虎门故事”和盛厂草织业场景

严重情况和两年前许乃济提出“弛禁论”所产生的消极影响，向道光皇帝上了一个主张严禁的奏折，这便是有名的《严塞漏卮以培国本折》。在这个奏折里，他从国家财政收入支绌的严重困难出发，提出若要堵塞白银大量外流，“必先重治吸食”的主张。黄爵滋这个奏折，说理清楚，剖析利害关系最为深刻，迫使清朝最高统治者对此问题不能不进行最后的抉择。此奏折对道光帝最后决定采取严禁鸦片的政策，派遣林则徐去广东禁烟起了重大作用，并在国内产生了积极影响。

1835年6月，鸿胪寺卿黄爵滋奏请禁烟，道光帝下

沙角炮台的克虏伯炮

令各省督抚各抒己见。

林则徐在对朝廷的复奏中，完全支持黄爵滋的主张，严正地指出："鸦片流毒于中国，纹银潜耗于外洋，凡在臣工，谁不切齿……今鸦片之贻害于内地，如病人经络之间久为外邪缠扰，常药既不足以胜病，则攻破之峻剂，亦有时不能不用也。"为此，他提六条禁烟建议：一、责成州县尽缴烟具。二、给予一定期限，劝令吸食者自新。三、重惩烟贩、开馆和制造烟具者。四、对失察官吏给予处分。五、收查烟土、烟具。六、审断吸食者，就是对烟犯进行审讯，察验是否吸食，以防蒙混。

鸿胪寺卿黄爵滋、湖广总督林则徐等人会同一些有良知、有正义感的朝臣，强烈地呼吁道光皇帝，要坚决禁止鸦片的贩卖和吸食，主张重治吸食者，提出限定一年内戒掉烟瘾，过期不戒者，百姓处死刑，官员罪加一等，除处死本人外，其子孙也不准参加科举考试。这样无人吸食，鸦片就自然根绝，白银就不会外流，病民就会日益减少，国力就会日益增强。

禁烟派与反禁烟派斗争十分尖锐激烈，而道光皇帝却徘徊摇摆于两派之间。

1836年，朝廷收到太常寺少卿许乃济上《鸦片例禁愈严流弊愈大，亟请变通办理折》。这是全国第一次正式提出弛禁鸦片的建议。

道光帝对朝廷官员们说："许乃济的奏折，你们都看了吧？你们认为怎么样，不妨议一议。"

内阁学士朱山尊首先说："许乃济主张将鸦片按药材纳税进口，只准以货易货，不准用现银购买。这实际上是在为鸦片销售广开门路，一点儿也看不出什么'变通'！"

给事中许球说："许乃济建议允许民间吸食鸦片，但禁止文武官员、读书人和士兵吸食，这更行不通。只要允许民间吸食鸦片，那么，文武官员、读书人和士兵就会跟着吸食，这是堵不住的。"

御史袁玉麟也坚决反对："许乃济听任内地种植罂粟，而且说这是为了'取代外洋鸦片'。就是取代了外洋鸦片，但我们自己要种植鸦片，这岂不是自相矛盾吗？还不是贩毒吗？我们严禁鸦片的目的，是为了堵住白银外流，更主要的是禁止毒品。禁止了外国鸦片，而自己生产鸦片，那么，我们还要禁止外国鸦片有何用？"

这时，军机大臣穆彰阿说话了："以臣之见，许乃济的奏折也并不是一点儿道理都没有。现在，销售鸦片，收入可观。这是朝廷的一大笔财政来源。臣以为，许乃济的建议是可行的。"

对穆彰阿的意见，道光帝很不高兴。他说："朕以为，许乃济的奏折是一派胡言！对外洋鸦片，我们决不能弛禁，而且必须采取严禁的办法！"

1837年，林则徐被任命为湖广总督，到任后，他雷厉风行地在湖北继续实行禁烟。他把在江苏的禁烟经验推广到湖北。他查获了千余杆烟枪，当众刀劈火烧，同时收缴了大量鸦片，用桐油拌好，用火烧透，然后投入江中。他将各种戒烟的药物配制成药丸，在各家药店中出售。很多人戒掉了烟瘾，身体强壮起来。那些吸毒者的父母及妻子看到儿子或丈夫戒掉了烟瘾，痛哭流涕，他们跪在林则徐出巡的路旁，叩谢“青天大老爷”的恩情。

虎门是1840—1842年中国人民销毁鸦片，广州人民组织武装斗争团体如平英团等抗英的地方。当年中国人民在虎门表現的爱国精神和进行民族革命的勇敢行动永誌不忘

宋庆龄
一九八零年六月

宋庆龄题词

白色宣纸上题。书心尺寸为纵长38厘米，横长23厘米。内容为：“虎门是1840—1842年中国人民销毁鸦片，广州人民组织武装斗争团体如平英团等抗英的地方。当年中国人民在虎门表现的爱国精神和进行民族革命的勇敢行动永志不忘。”落款“宋庆龄 一九八零年六月”。现藏鸦片战争博物馆。

1838年，京师破获一起职官贵族吸食鸦片的大案件。

鸿胪寺卿黄爵滋鉴于鸦片烟竟在京师泛滥，向道光帝上《严塞漏卮以培国本折》，主张重治吸食以禁绝鸦片，其具体办法是给予吸食者以一年的禁烟期限，一年以后仍有查获则处以死刑。

道光帝收到黄爵滋奏折之后，下令将该折转发各地将军、总督和巡抚，开展一次弛禁鸦片与严禁鸦片问题的大讨论。

朝廷很快陆续收到了各地官员的疏陈。29名封疆大吏先后发表了看法，结果其中21人程度不同地对黄爵滋重治吸食鸦片的主张提出反对意见。他们认为要采纳许乃济的建议，对鸦片要弛禁。

但是，也有少数人坚决坚持严禁鸦片的立场。这些严禁派的代表就是林则徐、裕谦等人。

江苏按察使裕谦认为："种植、吸食和销售鸦片，不论是哪一方，只能是弊多利少，流失一些白银，还算小事，更为严重的是，吸食鸦片影响着国人的身心健康，有害于子孙后代。"

林则徐忧心如焚，彻夜不眠，1838年9月，他奋笔疾书，给道光皇帝上了一份令朝野震惊的奏折，全文如下：

再，臣接准部咨："钦奉上谕：'据宝兴奏：近年银价日昂，纹银一两易制钱一串六七百文之多，由于奸商所出钱票注写外兑字样，辗转磨兑，并无现钱，请严禁各钱铺不准支吾磨兑，总以现钱交易，以防流弊等语。著步军统领衙门、顺天府、五城会议具奏，并著直省各督抚妥议章程，奏明办理。’钦此。”

臣查钱票之流弊，在于行空票而无现钱。兼兑银之人本恐钱重难携，每以用票为便，而奸商即因以为利。遇有不取钱而开票者，彼即啖以高价，希图以纸易银，愚民小利是贪，遂甘受其欺而不悟。迨其所开之票积至盈千累百，并无实钱可支，则于暮夜关歇潜逃，兑银者

沙角炮台的节马雕塑

持票控追，终成无着。此奸商以票骗银之积弊也。臣愚以为弊固有之，治亦不难。但须饬具五家钱铺连环保结，如有一家逋负，责令五家分赔，其小铺五家互结，复由年久之大铺及殷实之银号加结送官，无结者不准开铺，如违严究，并拘拿脱逃之铺户，照诓骗财物例计赃，从重科罪，自可以遏其流。但此弊只系欺诈病民，而于国家度支大计，殊无关碍。

盖钱票之通行，业已多年，并非始于今日，即从前纹银每两兑钱一串之时，各铺亦未尝无票，何以银不如是之贵？即谓近日奸商更为诡猾，专以高价骗人，亦只能每两多许制钱数文及十数文为止，岂能因用票之故，而将银之仅可兑钱一串者忽抬至一串六七百文之多？恐必无是理也。且市侩之牟利，无论银贵钱贵，出入皆可取盈，并非必待银价甚昂然后获利。设使此时定以限制，每两只许易钱一串，彼市侩何尝不更乐从，不过兑银之人吃亏更甚耳。若抑银价而使之贱，遂谓已无漏卮，其可信乎？查近来纹银之绌，凡钱粮盐课关税一切支解，皆已极费经营，犹藉民间钱票通行，稍可济民用之不足。若不许其用票，恐捉襟见肘之状更有立至者矣。

夫银之流通于天下，犹水之流行于地中，操舟者必较水之浅深，而陆行者未必过问；贸易者必探银之消息，而当官者未必尽知。譬如闸河之水，一遇天旱，重重套板，以防渗漏，犹恐不足济舟。若闭闸不严，任其外泄，而但责各船水手以挖浅，即使此段磨浅而过，尚能保前段之无阻乎？银之短绌，何以异是！臣历任所经，如苏州之南濠，湖北之汉口，皆阛阓聚集之地，叠向行商铺户暗访密查，佥谓近来各种货物销路皆疲，凡二三十年以前某货约有万金交易者，今只剩得半之数。问其一半售于何货？则一言以蔽之，曰鸦片烟而已矣。此亦如行舟者验闸河之水志，而知闸外泄水之多，不得以现在行船尚未搁浅，而姑苟安于旦夕也。

臣窃思人生日用饮食所需，在富侈者，固不能定其

南山炮台围墙

林则徐赠蓝田行书轴

准数，若以食贫之人，当中熟之岁，大约一人有银四五分即可过一日，若一日有银一钱，则诸凡宽裕矣。吸鸦片者，每日除衣食外，至少亦需另费银一钱，是每人每年即另费银三十六两，以户部历年所奏各直省民数计之，总不止于四万万人，若一百分之中仅有一分之人吸食鸦片，则一年之漏卮即不止于万万两，此可核数而见者。况目下吸食之人，又何止百分中之一分乎！鸿胪寺卿黄爵滋原奏所云岁漏银数千万两，尚系举其极少之数而言耳。内地膏脂年年如此剥丧，岂堪设想！而吸食者方且呼朋引类，以诱人上瘾为能，陷溺愈深，愈无忌惮。

儆玩心而回颓俗，是不得不严其法于吸食之人也。

或谓重办开馆兴贩之徒，鸦片自绝，不妨于吸食者稍从末减，似亦持平之论。而臣前议条款，请将开馆兴贩一体加重，仍不敢宽吸食之条者，盖以衙门中吸食最多，如幕友、官亲、长随、书办、差役，嗜鸦片者十之八九，皆力能包庇贩卖之人，若不从此严起，彼正欲卖烟者为之源源接济，安肯破获以断来路？是以开馆应拟绞罪，律例早有明条，而历年未闻绞过一人，办过一案，几使例同虚设，其为包庇可知。即此时众议之难齐，亦恐未必不由乎此也。吸食者果论死，则开馆与兴贩即加至斩决枭示亦不为过。若徒重于彼而轻于此，仍无益耳。譬之人家子弟在外游荡，靡恶不为，徒治引诱之人而不锢其子弟，彼有恃无恐，何在不敢复犯？故欲令行禁止，必以重治吸食为先。且吸食罪名如未奉旨敕议，虽现在止科徒杖，尚恐将来忽罹重刑。若既议而终不行，或略有加增，无关生死，彼吸食者皆知从此永无重法，孰有戒心？恐嗣后吃食愈多，则卖贩之利愈厚，即冒死犯法亦必有人为之。

是专严开馆兴贩之议，意在持平而药不中病，依然未效之旧方已耳。谚云："刖足之市无业屦，僧寮之旁不鬻栉。"果无吸食，更何开馆兴贩之有哉！

或谓罪名重则讹诈多，此论亦似，殊不思轻罪亦可讹诈，惟无罪乃无可讹诈。与其用常法而有名无实，讹诈正无了期，何如执重法而雷厉风行，吸食可以立断。吸食既断，讹诈者又安所施乎？

若恐断不易断，则目前之缴具已是明征；若恐诛不胜诛，岂一年之限期犹难尽改，特视奉行者之果肯认真否耳。诚使中外一心，誓除此害，不惑于姑息，不视为具文，将见人人涤虑洗心，怀刑畏罪，先时虽有论死之法，届期并无处死之人。即使届期竟不能无处死之人，而此后所保全之人且不可胜计，以视养痈遗患，又孰得而孰失焉？夫《舜典》有怙终贼刑之令，《周书》有群饮拘杀之条，古圣王正惟不乐于用法，乃不能不严于立法。法之轻重，以蔽之轻重为衡，故曰刑罚世轻世重，兼因时制宜，非得已也。当鸦片未盛行之时，吸食者不过害及其身，故杖徒已足蔽辜；迨流毒于天下，则为害甚巨，法当从严。若犹泄泄视之，是使数十年后，中原几无可以御敌之兵，且无可以充饷之银。兴思及此，能无股慄！

夫财者，亿兆养命之原，自当为亿兆惜之。果皆散在内地，何妨损上益下，藏富于民。无如漏向外洋，岂宜藉寇资盗，不亟为计？臣才识浅陋，惟自念受恩深重，备职封圻，睹此利害切要关头，窃恐筑室道谋，一纵即不可复挽，不揣冒昧，谨再沥忱附片密陈。伏乞圣鉴。谨奏。

湖广总督林则徐的这篇奏折名为《钱票无甚关碍，宜重禁吃烟以杜弊源片》，其中有一句话振聋发聩：“是使数十年后，中原几无可以御敌之兵，且无可以充饷之银。”（如果任鸦片泛滥下去，数十年之后，中原将没有

可以用做御敌的军队，并且国家也没有给军队发饷的银两）

这是多么可怕的景象，这种局面显然是道光帝无论如何也不愿看到的。

林则徐在给皇帝上奏折力主禁烟的同时，在两湖雷厉风行地开展禁烟运动。他和湖南巡抚陈宝琛、湖北巡抚、布政使张岳崧相商，饬属先访开馆、兴贩之人，严缉务获，一面发布禁烟告示，研制断瘾药丸，剀切禁戒吸食；在武昌及汉口等处设局，收缴烟枪、烟斗及一切器具、余烟。汉阳县知县郭觐辰率先执行林则徐的命令，

沙角炮台的濒海台门楼

在短短两个月内，拿获和收缴烟土烟膏，价值一千二百余两，汉阳、江夏两县收缴烟枪1 264杆。1838年8月27日，林则徐将收缴的烟枪，先用刀劈碎，随后用火烧，当众焚毁，然后将灰投入江心。10月27日，林则徐又将收缴的烟枪1 754杆，锤碎焚毁。对营兵中有吸食者，除将该兵丁革退重办外，还将该营官、千总、把总一道拆革严惩，同时向民间推广除瘾良方，不少吸食者戒除了恶习，获得了新生。林则徐外出巡视时，经常有耆民妇女在路旁叩头称谢，云“其夫男久患烟瘾，今幸服药断绝，身体渐强”。严厉的禁烟措施，使许多形容枯槁、似鬼非人的鸦片吸食者得到了新生。随后，其他各地也收缴了许多烟土烟枪。林则徐禁烟的初步成绩，一时也使道光帝增强了禁烟的信心和决心。

严禁派虽然占少数，但最终还是打动了道光帝。他立即明确表示支持严禁鸦片的主张。他采取了三项措施。

道光帝说：“第一，穆彰阿，你们把林则徐、裕谦等人的严禁鸦片的奏折带走，详细讨论并制定禁烟章程。第二，将首倡弛禁鸦片的许乃济革职休致，即强令退休。第三，宣林则徐、裕谦来京陛见。”

数日以后，北京天安门缓缓打开，露出太和殿的远景。隆冬雪后，铅似的雪云没有散开，气象肃杀。几十名佩带仪刀、弓矢的侍卫，五步一哨，对等地两旁侍立。

沉重而迟缓的钟声隐约可闻。

这是朝会的时刻。乾清宫外站着豹尾班，执枪侍卫十人，佩刀侍卫十人。

丹墀下，按着班次俯拜着六部九卿，肃穆地等候皇上召见。

军机大臣穆彰阿也领着四位京章，各按品位，前前后后地跪伏于地。

道光帝怒气冲冲地在宝座前大步地踱来踱去，向穆彰阿发脾气："好啊，在宫里居然有人敢抽大烟，太监抽大烟，连王爷也抽大烟，真是胆大包天！"

木排铁链

两广总督邓廷桢、广东水师提督关天培为了加强广东中路海口的防务，在虎门海口设置了两道"木排铁链"。

他把一根象牙烟枪向地上摔去。

象牙烟枪在团龙纹的白石丹墀上，折成两段。

满朝大臣们吓得前额触地，不敢仰视。

道光帝怒目向大臣们扫了一眼。

老迈衰弱的军机大臣穆彰阿伏地，连忙恭顺地应道："是，皇上！……这实在不像话！"

道光帝深有所感地说："真有这么一天，当兵的扛不

沙角炮台

依山构筑，傍海设防；炮位露天，巷道隐藏；土炮神威，洋炮益彰；节兵义马，千古传扬；连升父子，万世流芳……沙角炮台不仅是中外游客瞻仰炮台雄风的胜地，也是广大青少年凭吊先烈英魂，进行爱国主义教育的良好场所。

了枪，老百姓种不了粮，咱们大清的江山还能保得住吗？”

皇帝的这句话使大臣们极为震惊。大臣们又匍匐到地。

道光帝从宝座下来，大步踱着。

烟容满面的大员们垂着马蹄袖，偷看着道光帝来回踱着的脚步。

道光帝在穆彰阿前停下来：“林则徐、裕谦等人的禁烟奏折，不是叫你们去议论吗？怎么到现在还没有结果？”

穆彰阿揣摩着道光的神色：“是，奴才们商议过。可是……”

“可是什么？”

“可是，六部和军机的意思是，现在禁烟恐怕操之过急……”穆彰阿吞吞吐吐地偷觑着道光帝说。

“什么叫操之过急？！”道光帝勃然大怒，瞪起眼来，“一年三千万两银子白白送给洋人，你们不心疼吗？咱们八旗绿营的兵，全抽大烟，连枪都扛不动，你瞧不见吗？简直是发昏，发昏！”

朝臣们面面相觑。

道光帝再到宝座坐下，问执事太监：“林则徐、裕谦他们怎么现在还不到？”

“已在外头候着呢！”太监跪下回答。

“叫他们进来！”

太监拉长声音喊：“湖广总督林则徐、江苏按察使裕谦上殿！”

穆彰阿惶惑地请示：“奴才有……”

道光帝一摆手，把林则徐、裕谦等人的奏折丢下来：“拿回去，按照奏折之意照办！”

“是！”穆彰阿跪下磕头后，连忙起身，哈腰走向宝座，恭接折子。

京章们也起身，悄然退出。

一个太监引林则徐、裕谦登殿。

林则徐、裕谦大步走来。他们通过跪着的朝臣行列，人人侧目而视。

林则徐穿着九蟒五爪蟒袍，外套仙鹤补服，右手紧紧捏着胸前朝珠，生怕走路时碰击出声。他在丹墀行觐见礼：“臣林则徐恭请圣安。”

裕谦也行礼：“臣裕谦恭请圣安。”

道光帝端坐宝座，神色和蔼，徐徐说道：“林则徐，我派你为钦差大臣，到广州去查禁鸦片烟。事关国家安危，你一定要把这件大事办好！”

林则徐略感惊异，抬起头来，望着道光帝，略一犹豫，立即奏道：“臣领旨谢恩。”

伏在地上的许多满蒙大臣们一怔，抬起头来，互换眼色，他们想不到像“钦差”这么重大的职位竟会落在汉人的头上。

道光道又说：“裕谦!”

裕谦急忙回答：“臣在。”

道光说：“我先擢升你为江苏巡抚，你要与林则徐密切配合，重点在上海查禁鸦片。”

裕谦坚决地说：“臣领旨谢恩。”

林则徐、裕谦在京期间，与龚自珍、倭仁等人会餐。

林则徐销烟池旧址

1839年6月，林则徐会督文武大员在虎门镇口海滩进行了震动中外的虎门销烟。

龚自珍首先拿出一张书法作品送给林则徐，并且说：“这是我为你送行的礼物。”

龚自珍的书法，有一个很醒目的题目：《送钦差大臣侯官林公序》。

坐下来后，龚自珍对林则徐和裕谦二人说：“我坚决支持你们的禁烟主张。我也正在准备和你们一道到南方参加禁烟活动。”

“好哇！欢迎你去南方，和我们这几个老友一起干。”裕谦高兴地插话。

“不过，能不能成行，还是一回事。”龚自珍犹豫地说着，“现在当权者对我的阻挠很大。”

龚自珍喝了一口酒，又说：“如果我走不成，希望你们到南方以后，要制止白银外流、平定银价，严惩鸦片的贩卖者和制造者，坚定信心，不要为各种势力的游说者所动摇，还要以重兵防御打击外国侵略者。期望你们通过一省之治而使中国十八省银价平、物力实、人心定。如果你们能够做到这些，你们的老友也会很高兴的。”

倭仁站起来说：“小的为二位大人敬一杯酒。这第一杯，敬给钦差大臣林大人，祝您广州禁烟成功！”

倭仁为林则徐敬酒。林则徐哈哈大笑着，说：“年轻的理学大师倭仁的酒是要喝的。”林则徐接过酒杯一干而尽。

“这第二杯酒，敬给江苏巡抚裕谦大人，祝您上海禁烟成功！”倭仁为裕谦敬酒。

接到皇帝的诏书，林则徐心里既激动又沉重。他为皇帝可能支持禁烟、解救民族危难而感到高兴；同时，他又感到前途未卜，反对禁烟的势力十分强大，一定会从中作梗，阻挠禁烟，身上的担子太重了。第二天清晨，他便起程回京。一路上，晓行夜宿，披星戴月，奔往京城。

1838年12月26日，林则徐到达北京，第二天清晨便觐见皇帝。从此连续八天被皇帝单独召见八次。林则徐根据在江苏、湖北等地的禁烟经验，提出了自己的设想。

他认为不仅要重治吸烟者，还必须断绝鸦片来源。断绝鸦片源头，可能会引起外国侵略者的武装干涉，反对禁烟派便会从中挑衅，望皇上允许他做好严防外敌侵扰的准备。

皇帝接受了林则徐的建议，任命他为钦差大臣前往广东，并节制广东水师，办理禁烟事宜。钦差大臣是作为皇帝的代表办理军政大事的，权威很大。

林则徐决心不负皇上重托和百姓的希望。他告别了皇上和师友，毅然南下广州，在祖国的南疆掀起了销烟御敌的浪潮。

虎门销烟扬国威

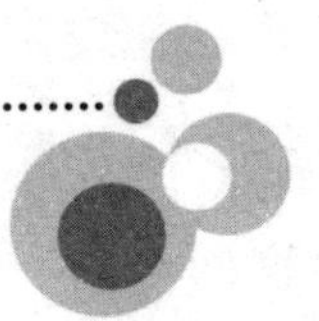

1839年1月8日，北方时值严冬，冷风狂卷大雪，刮到脸上如同刀割一般。林则徐神情庄重，与送行的人鞠躬作别，从北京出发，奔赴禁烟斗争的第一线——广州。

一路上，他心潮起伏，沉思不语。因为他知道，广州是朝廷允许对外贸易的唯一口岸，是祖国的南大门。几十年来，鸦片绝大部分都是从这个大门进入中国的，可以说是中外鸦片贩子的老巢。这里不仅有外国侵略者的破坏与捣乱，而且有营私舞弊的官吏和为虎作伥的行商。然而，朝廷重臣琦善的威胁和穆彰阿的倾轧更甚于广东的地方势力，真是困难重重。但是，自己作为钦差大臣，肩负皇命国责，绝对不能后退半步，即使牺牲前途与生命也要在所不惜，彻底清除鸦片流毒。

鸦片在中国流毒了几十年，根深蒂固，积重难返，怎样着手进行查禁呢？林则徐在江苏、湖北禁烟的经验已远远不够了，因为他不仅要重治吸食者，而且要惩治贩卖者，主要是面对外国商贩及广州的奸商，所以必须有足够的准备和措施。

在京的时候，林则徐便命属下将各地官员上奏的关于禁烟的意见和主张抄录成册，以备查阅。一路上他听取地方官吏及群众的意见，一有所得马上记录下来。在路过安徽舒城时，听说县里有个叫田薄的人，1835年曾做过广东香山县县令，积极主张禁烟。在任期间，曾缉获过上万斤鸦片。林则徐喜出望外，特约前来会谈，两人一见如故，谈得十分投机。林则徐留他共用晚餐，两

威远炮台旧址

人一直谈到深夜。林则徐从田薄那里了解到许多鸦片走私和吸食的重要情况。

林则徐考虑到，初到广州，人地生疏，对当地情况一无所知，便派下属马辰先行，了解当地的情况。他越接近于广州，就越更加仔细地考虑即将到来的斗争。途中的访察，对广东烟毒的情况有了初步了解，知道了一些烟贩子的姓名和主要罪状。他决定先发制人，逮捕这些主要的烟贩子。

2月24日，林则徐在途中下令捉拿61名重要烟贩子，砍断外国贩子的内线。为了防止走漏风声，他向地方官发出警告：走漏风声者，一律斩首，决不姑息。

钦差大臣林则徐前来广州查禁鸦片的消息传到广州，就像晴天霹雳，吓得中外鸦片贩子们目瞪口呆，恐慌万分。而两广总督邓廷桢、广东巡抚怡良、广东水师提督关天培及百姓则高兴万分。广东的百姓饱受鸦片的毒害，他们对鸦片早已痛恨入骨，称鸦片为“妖烟”，称囤积鸦片的洋船为“鬼船”，称走私鸦片的洋人为“蕃鬼”。

1838年12月，因为英、美侵略者干涉广东地方官处死中国鸦片走私犯，引起了群众的愤怒。一万多名群众从四面八方包围外国商馆，高呼“消灭洋鬼子”的口号，他们用石头、瓦块砸碎商馆门窗，袭击外国鸦片贩子。吓得外国侵略者抱头鼠窜，只好缩在商馆里，不敢出来。

群众的禁烟情绪十分高涨，为林则徐的禁烟奠定了群众基础。

1839年3月10日上午，阳光明媚，晴空万里。广州大字码头上人山人海，沿江两岸到处是翘首以盼的人群。

忽然有人大喊一声："林大人来了！"

只见一艘官船徐徐驶来，慢慢地停泊在码头上。船上从容走下一个人，不高而敦实的身材，穿着合体的官服，宽大饱满的前额，风采照人，黑亮的眼睛小而有神，

抗英群雕

面对英国殖民者的武力威胁，林则徐、邓廷桢、关天培以及广大官兵加强战备，增筑靖远炮台，随时准备打击侵略者。

神情庄重而坚决。

群众跪倒在地，大声地高喊“林大人”。邓廷桢、怡良等大臣疾步向前，参见钦差大臣。

一行人在人群簇拥下，走向钦差大臣的临时驻地——越华书院。看到如此多的群众对自己的欢迎，林则徐内心一阵阵发热，对禁烟的疑虑一扫而光，信心倍增，一定要彻底根除鸦片！

林则徐与英国鸦片贩子面对面的斗争开始了。

1839年3月18日早晨，林则徐会同邓廷桢、怡良等在越华书院突然传见十三行商。

十三行商是清朝政府指定的负责对外贸易的官商。这些行商利用贸易之便，暗中帮助外商贩卖鸦片，并勾结官僚，刺探官府消息，从中获得巨利。他们是外国鸦片贩子向中国贩卖鸦片的中介人，是禁烟的重点对象。

这些行商们听到林则徐要传讯他们，顿时感到灾祸临头，个个心惊胆战。以怡和行伍绍荣为首的行商们战战兢兢地来到书院，看见林则徐端坐在大堂上，赶紧低头跪在地上，不敢抬头。

只见林则徐满脸怒容，威严地大声说道：“你们这些大胆的奸商，鸦片的流毒遍布天下，都是由你们引起的，你们明知道外国货船运的是鸦片，而你们却百般掩饰，明目张胆地撒谎，为他们担保。为了得到肮脏的钱财，你们不惜充当他们的走狗，向他们通报官府的信息，而官府问及他们的情况时，你们吞吞吐吐，不说实情。告诉你们，本大臣此次来广东禁烟，首先要惩办的就是与外国商人勾结的汉奸。不过在惩办汉奸之前，要先将外国商人运到中国的鸦片全部没收。麻烦你们去通知那些外国商人将所运来的鸦片如数交到官府，并且写下保证今后永不携带鸦片，否则本大臣定斩不饶！”

这时，怡和行的伍绍荣低着头，小眼睛滴溜溜地转着，他在心里打着算盘，心想，林则徐表面装得像回事，不就是想乘机捞点儿钱吗？

想到这里，他抬起头来，对林则徐说：“钦差大人，小民知罪，小民愿用自己的全部家财捐献大人，将功补过，望大人宽恕小民。”

林则徐一眼便看透了他卑鄙的意图，拍案而起，大声喝道：“胆大的奸商，你竟敢贿赂本官，本大人不要钱，就想要你的脑袋，听清楚了吗？”

伍绍荣吓得赶紧叩头，嘴里不停地说道：“小人该死，小人该死！”

林则徐继续说道：“本大臣给外国商人三天期限，务必如实上报所有鸦片数量，你们要如实向外面人传达，不得有误，否则将他们中表现最坏的立即正法，抄产入官！你们不要存侥幸心理，告诉你们及那些外国商人，

若鸦片一日未绝，本大臣一日不回，誓与此事相始终，断无中止之理!”林则徐慷慨激昂之声在大厅里久久回荡着。

训斥了伍绍荣等行商后，林则徐交给他们一个谕帖，命令他们向外国人传达。伍绍荣接过谕帖，慌忙跑回十三行公所将外国商人召集起来，宣读了林则徐的谕帖。那些外国商人听完林则徐的谕帖后，聚在一起议论。

林则徐书法

有的认为这只不过是新官上任三把火，雷声大、雨点稀，过几天就会没事了；有的则认为，林则徐只不过是想趁机多捞些钱，根据以往的经验，只要送上一笔相当可观的白银，便会大事化小，小事化了。外国人一贯无视中国法令，所以他们根本就不理缴烟谕帖，只当耳旁风，绝不肯把鸦片交出来。

1839年3月21日，缴烟的最后期限已到，外国鸦片贩子一看无法蒙混过关，只好忍痛交出1 037箱鸦片，想敷衍了事。可是他们的这一技俩无法欺骗林则徐，因为事前林则徐已经过周密的调查。他知道有22艘鸦片船停留在零丁洋上，以每艘存放鸦片1 000箱计，应是两万多箱，只交这么一点点就想完事，是不能容忍的。

1839年3月22日，就是发布谕帖的第四天，林则徐下令逮捕英国大烟贩颠地。颠地长期逗留广州，大批地走私鸦片。接到林则徐缴烟谕帖后，他不仅自己抗缴，而且阻挠别人缴烟。林则徐认为，颠地是抗拒禁烟的首恶，必须严惩。当行商把逮捕颠地的命令转交给外商后，外商们立即惊慌起来，他们拒绝交出颠地。

英国驻中国商务监督查理·义律，于3月24日怒气冲冲地从澳门赶到广州，亲自进行策划，企图用武力来使林则徐屈服，并准备带着被通缉的颠地逃跑。

义律破坏缴烟的行为激怒了林则徐，他下令将停泊在黄浦港口的外国商船先行封舱，不准装卸货物。同时，他命令撤出广州商馆内的全部中国雇员，并派兵包围商馆，只留一处做出入口。中国的文武官员必须凭专门发的腰牌才准进出。在商馆门口和广场入口处，都有手执武器的中国士兵把守。在商馆前面的河里，船艇排成三道警戒线，船艇上载着中国水师；在邻近商馆的屋顶上，也有士兵看守；设巡逻队，日夜巡逻。晚上，士兵提着灯笼，吹号打锣，非常警惕，防止外国人溜走。

275名外商像泄了气的皮球躲在商馆，互相埋怨着。屋内垃圾成堆，做饭、洗衣、烧水、扫地等一切杂活都得自己干。这对于那些平日里衣来伸手、饭来张口的鸦片贩子们真是难以忍受。他们有些支持不住了。

义律没有想到林则徐禁烟会如此认真、强硬、彻底，看来抵赖、抗拒已毫无意义。只好遵照林则徐的命令，于28日宣布愿意缴出鸦片船上的20283箱鸦片。

缴烟开始后，为了防止鸦片贩子要花招，林则徐规定：缴出鸦片四分之一，允许雇中国佣人；缴出一半，可以让舢板等船只往来；缴出四分之三，允许贸易；一直到缴完，才能恢复正常。

义律等鸦片贩子无可奈何，只好乖乖地将所有的鸦

林则徐画像

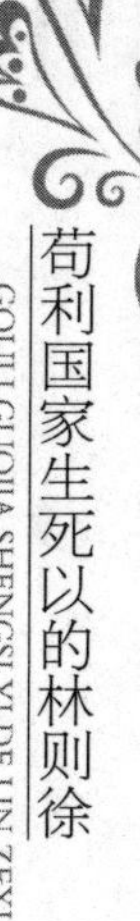

片交出。

在收缴鸦片的日子里，码头上下到处欢歌笑语，人们兴高采烈地从船上将一箱箱鸦片搬下，堆积在虎门沙角处。

林则徐为了防止鸦片贩子捣鬼及吸食者偷窃，制定了严格的程序。他规定每两艘鸦片船为一组，按先后顺序逐箱检查验收，若是原封未动，则印上“原箱”字样，如果发现鸦片减少，则唯船主是问，勒令其补足。验收后，每箱贴上封条，编上号码，并写明验收人员姓名，然后运往虎门沙角，再由看管人员逐一验收，严加看管。若发生偷窃或其他不法行为，立即捉拿，严惩不贷。林则徐率文武官员每天风里来、雨里去，亲临现场指挥。他心里非常高兴，忘记了疲劳，昼夜工作着，难得闲一会儿。

到了5月18日，鸦片船上的鸦片全部验收收缴完毕，共缴获鸦片21 306箱，真是大快人心啊！

鸦片是收上来了，但怎样才能彻底销毁呢？林则徐又遇到了新的难题。他望着堆积如山的鸦片，沉思着。他在江苏、湖北时收缴过一些鸦片，不过数量远没有现在多，就是在鸦片中拌上桐油，然后烧掉，但仍有一些鸦片渗入土里，烧得不彻底。而现在这么多的鸦片，根本不能用老办法。

他同属下研究商量，到百姓那里访谈，最后，他决定用盐卤加石灰的办法销烟。他派人在虎门镇口村地势略高的海滩上挖了两个长、宽各十五丈的大池子，池底铺上石板，池壁四周栏桩钉板，以防渗漏。池前设有一个涵洞，池后通一道水沟，池四周拦上护栏。一切准备就绪。

1839年6月3日，历史将永远记住这个伟大的日子。

这天，天空晴朗，万里碧空。明媚的阳光，湛蓝的大海，将南国城市——虎门，装点得分外美丽。虎门海滩上彩旗飘扬，人声鼎沸。

百姓们从四面八方赶来，成千上万，熙熙攘攘，兴高采烈，如同过年一般。在临时搭起的礼台上，端坐着一位庄重、威严的官员，他就是主持销烟盛典的钦差大臣林则徐。

围绕礼台四周还站满一排排身材魁梧、装束整齐、手持刀枪的士兵。整个虎门海滩一派欢快、雄壮、威严、肃穆的气氛。

下午二时许，林则徐慢慢地站起来，把手用力一挥，大声命令道："放炮！"

只听岸边礼炮震耳，鼓声如雷，震惊中外的虎门销烟开始了！它向世界宣布：中华民族是不甘屈辱的！它揭开了近代中国人民反抗帝国主义侵略斗争的序幕。

炮声一响，站在销烟池旁边的士兵和工役们立即行动。有的引海水入池，有的往池中撒盐，挑夫们将一箱箱鸦片担到池边，打开烟箱后逐一切成四瓣，抛入池中浸泡。再将整块烧透的石灰抛入池中。

顷刻之间，盐卤、石灰、鸦片混合沸腾。工役们站在跳板上用铁锄、木耙等不断地搅拌，池中涌起一缕缕白烟，直上云天。鸦片在池中化为废渣。

等退潮时，启开涵洞，将渣末冲入大海。成千上万的围观群众里，不时迸发出一阵又一阵震天撼地的欢呼声。

到1839年6月25日，所有被收缴的鸦片全部被销毁。

在这23天里，林则徐每天都亲临现场，一丝不苟，直到最后。群众看到林大人的所作所为，深深被他的爱国行动所感染，他们都积极地投入禁烟御敌的斗争洪流中。

虎门销烟是林则徐到广东开展禁烟运动取得的巨大胜利，它沉重地打击了外国鸦片贩子的罪恶活动，为中华民族树立起抗击外国侵略者的鲜明旗帜，成为中国人民反帝斗争的伟大起点。林则徐为中华民族立下了殊勋，将永载史册。

虎门销烟一方面唤醒了当时的很多爱国的有识之士，他们开始反省，重新定位中国在世界上的地位，不再以“天朝上国”自居。另一方面，也大大抑制了英国在中国的鸦片交易，沉重打击了英国资产阶级在中国的贸易掠夺，展示了中国人民禁烟的坚定决心和觉醒意识。此外，这次事件还成为世界的禁烟运动的一个范例，历史上很多国家、地区结合自身的情况对此予以效仿，抑制毒品泛滥。林则徐领导禁烟运动的胜利，维护了中华民族的尊严和利益。“虎门销烟”是中国近代史上反对帝国主义的重要史例，也是人类历史上旷古未有的壮举。史学家认为，它展示出了中华民族反对外来侵略的决心，对中国人民抗击外来侵略有着标志性的意义。

但是，虎门销烟并没有有效地解救中国于水火之中，反而加速了英国对中国的侵略。原因在于，禁烟运动直接损害了英国资产阶级的利益，英国政府很快决定对中国发动蓄谋已久的侵略战争，虎门销烟也成为外国列强发动鸦片战争的导火索。从这个角度看，“虎门销烟”加速了中国半殖民地化的脚步，从很大程度上推动了中国近代史的发展。

林则徐赠兰泉七言对联

穷追不舍肃烟毒

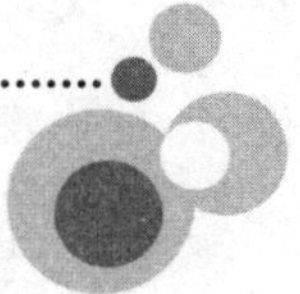

虎门销烟，是林则徐禁烟的第一步。之后，他要求外国商人写下保证书，叫作“具结”。保证今后来中国进行贸易时永远不再夹带鸦片。因为只有这样才能彻底杜绝鸦片进入中国，这才是禁烟的真正目的。

早在禁烟开始时，林则徐在给外国商人告谕中，就提出了具结问题。当时命令外国商人和鸦片贩子写出保证书，声明今后如果再运鸦片来中国，一经查出，货物没收，人即处死。虎门销烟后，林则徐便向外国商人发出具结式样，要求他们按式样填写，保证今后不再走私夹带鸦片，并签字画押。义律坚决反对具结，因为今后不再走私鸦片，对英国政府及鸦片贩子来说，将失去一条发财之路。

当义律接到具结式样后，看也不看一眼，便撕个粉碎，气急败坏地说：“哼，要命现成的，拿具结来阻止我的鸦片贸易，没门儿!”

义律不仅自己不具结，而且千方百计阻挠英国商人具结。林则徐驱逐16名英国烟贩子出境，义律立即以全体英商撤离广州相对抗，林则徐宣布在具结前提下恢复贸易，义律便宣布禁止一切英国商船进入虎门港内。义律还不知羞耻地向林则徐提出准许英商在澳门装货的无理要求，企图逃避关税和中国法律的约束，把鸦片走私活动从广州转移到澳门。林则徐断然拒绝。

外国商人也不是铁板一块，他们唯利是图，当他们看到不具结就不能与中国贸易，损失巨大利益时，便开始动摇了。

林则徐对他们进行分化瓦解的政策，提出只要遵守中国政府的法律，不搞鸦片贩运，进行正常贸易的，就欢迎；反之，凡是违背中国法令，公开或秘密走私鸦片的，就驱逐出境。美国等一些外国商人看到林则徐如此坚决地禁烟，自己不能再听义律的指挥，蒙受巨大损失，便纷纷向林则徐具结，获得了上岸贸易的权利。这样就孤立了义律，粉碎了他的阴谋。

英国商人看到美国等国商人到中国贸易，获得巨额利润，十分眼红，开始对义律阻挠他们具结表示不满。看到货船中的洋米、洋布、棉花等货物就要发霉，他们非常着急，纷纷要求具结，义律便用武力恫吓这些商人，不让他们具结。

正当林则徐对具结问题穷追不舍时，7月7日又发生了英国水手在尖沙咀凶杀中国居民林维禧的事件。

事情是这样的：7月7日，一群英船水手窜到尖沙咀村酗酒作乐，无事生非，借酒醉殴打中国居民，村民林维禧被英国暴徒用木棍击中顶心及左乳下胸部，第二天死亡。事后，义律为了掩盖罪证，以1 900元“抚恤”死者家属，另付给其他被殴打受伤的村民100元，想以此掩人耳目，草草了结。林则徐知道后，非常愤慨，认为外国人竟在中国的土地上行凶杀人，践踏中国主权，简直是无法无天，必须严加追惩，捕获凶手，按照中国的法律审判治罪。为了维护中华民族的尊严，保障人民生

林则徐塑像

命的安全，林则徐理直气壮地谕令义律，交出凶犯。义律竟拒收谕令，置之不理，反而于8月12日，在一艘英船上对五名凶犯私自进行所谓“审讯”，判处三人监禁6个月，各罚金20镑；两人监禁3个月，各罚金15镑，指定监禁在英国监狱里。

义律的所作所为激起了林则徐极大的愤怒，他对义律破坏中英正常贸易、拒不具结及拒不交出凶犯是绝不能容忍的，他下令澳门人民断绝对英商的食物供应，撤走为英商服务的中国雇员，断绝对英商的柴米食物以及淡水的供应，并号召沿海居民行动起来，如果敌人胆敢上岸劫掠，人人可以持枪抵抗。

为防止英国人上岸偷取淡水，在沿海地区的一些井内投放毒药，井边插着不准饮用井水的牌子。在林则徐和广大沿海群众的抵制下，义律率领英商船只好漂泊在海上，如丧家之犬，完全陷入窘境。

侵略者绝不甘心他们的失败，义律等一面拒绝向林则徐具结，一面进行武装挑衅，妄图用武力吓倒林则徐。面对敌人的武力威胁，林则徐毫不畏惧地说：“我们不怕战争！”

林则徐估计到在销烟的同时，敌人会发动战争的，便开始着手做迎战的准备，他首先对珠江的形势做认真仔细的调查，认为虎门是船只从海口到广州的咽喉，位

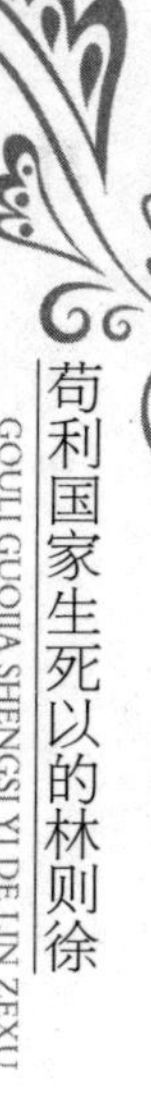

置非常重要。

当时镇守此地的水师提督关天培在这里设了三道防线，林则徐与关天培一起，亲自乘船到珠江口视察战备情况，亲自观看水兵排练，并下令水兵试放大炮，对战备的每一项都认真地查询，认为虎门战备的设置，足可以抗击外国侵略者。

装备设置固然重要，但更重要的是人。林则徐来到虎门后，便对广东水师进行整顿，首先，他清除水师中受贿纵私、贩毒、吸毒分子，使队伍保持纯洁，堵住鸦片走私的大口子。其次，严惩那些玩忽职守的水师将领，如南澳镇总兵因巡防不利，降职为游击。裁减一些老弱兵勇，增添精壮新兵，使队伍有旺盛的战斗力。同时，林则徐还在广东、福建各地招募一批船只，又从美国购买一艘商船，将它改造成兵船配备外国新式大炮34门，大大地增强了水师的战斗力。

广东漫长的海岸线，水师的兵力远远不足，而外国侵略者却有随时侵犯沿海各地的可能，怎么办呢?

林则徐思前想后，他想到自己初到广州时受到群众欢迎的场面，在销烟中得到群众的热烈支持，想到广大人民群众对鸦片的痛恨和对外国侵略者的愤怒，他相信“民心可用”。便决定在群众中招募水勇，将他们组织起来，加强训练，足可以补充水师之不足。遂在府邸外张贴招募告示。

招募开始那天，广州商馆前面的广场上人山人海，人们将广场围得水泄不通。林则徐和其他地方官都来参加。林则徐坐在临时搭起的棚房中的大红木椅上，主持招募仪式。应募一开始，只见青壮年小伙子个个兴高采烈，排队入场，秩序井然。他们按着顺序，将一百斤重的石担慢慢举起，伸直两臂，然后放下。合格的人被录取，高高兴兴地在红纸上写下自己的名字，然后领到一张凭证。水勇组成后，立即进行军事训练，很快他们便成为勇猛善战的杀敌能手。

靖远后墙界址碑

这时，由于中国水师的严密查禁，停泊在海上的英国船只食物和淡水奇缺，处境十分狼狈，而装满货物的商船又不能进港贸易。义律大为恼火，决意进行武装冒险。

1839 年 9 月 4 日，义律等率领“路易莎”号和其他几只武装快艇于下午两点突然向九龙山炮台附近海面的水师开炮，无耻地进行武装挑衅，经过严格训练的广东水师奋起还击，一发发炮弹向侵略者射去。经过数小时的战斗，英船被打退，逃回尖沙咀。

这一仗，敌人至少被打死17名，被打伤的人更多。一名英船船主的手腕被打断，义律的帽带也被击掉。中国水师取得了反击侵略者武装进攻的首战胜利。

然而，敌人是不会甘心失败的，必然会再次借机反扑。林则徐在大家欢庆胜利的时候，同邓廷桢、关天培一起去沙头角巡视，亲自查点最近调来的兵勇和船只，做好再次反击侵略者的准备。

11月3日，穿鼻洋面上炮声隆隆，一场海上恶战开始了。这天中午，遵照式样具结进口的“皇家撒克逊”号在中国水师保护下，正向黄埔驶去。

当它行到穿鼻洋面时，在这里等待已久的英船“窝拉疑”号和“海阿新”号竟然横加干涉，迫使“皇家撒克逊”号中途折回。就在这时，“窝拉疑”号突然向中国水师开炮。

水师提督关天培和广大官兵非常愤怒，迅速组织反击。只见关天培站在桅杆前，手里拿着腰刀，镇定自若地指挥着战斗。

他大声地喊着：“敢后退者立斩！”

接着，他拿出银锭放在桌案上，说：“有击中敌船一炮者，立即赏银两锭。

在关天培的勇敢督战下，水师官兵精神倍增，一声巨响，“窝拉疑”号被炮弹击中，帆斜旗落，又有几名水手掉到海里，甲板上的敌人乱成一团，敌舰见状不妙，只好仓皇逃窜。

经过两个多小时的激战，中国水师大获全胜，沉重地打击了英军的嚣张气焰。

穿鼻海战的第二天，英国侵略者又向官涌山驻军发动进攻，从11月4日到13日，英国侵略者在10天之内，向官涌山发动了6次进攻，都被顽强的广东水师击败。从此，英国舰队害怕与广东水师交手，不得不到外洋寄泊。

义律他们逃到外洋后，为了获得食物和淡水，便引诱沿海不法分子贩运鸦片、购买食物等。这些见利忘义、不顾民族利益的无耻之徒做起了英国人的内奸。他们用私人船艇给英国侵略者运去食物、蔬菜、淡水等，换回鸦片。这样，英国侵略者不仅获得了日常补给，也给鸦片找到了销路，义律又趾高气扬起来。

林则徐见此情形，气愤非常。但英军船坚炮利，又在外洋，而中国水师规模小，设备陈旧，不适于外洋作战，怎么办呢？

他和关天培等将领反复商量，终于想出一个好办法——火攻。所谓的火攻就是纵火烧船。他派水师和水勇驾着装满柴草、油料、火药的船只于深夜悄悄靠近敌舰，用长钉牢牢钉住，然后举火焚烧，风助火威，顷刻之间，便会把敌舰和汉奸的船舰烧个片甲不留。

1840年2月29日深夜，埋伏在上濠、下濠、屯门和长沙湾等处的火攻船一齐向敌舰迅速驶去。

这时，大风呼啸，火攻船对准目标抛掷喷筒、火罐及其他燃烧物。一时间，火光照得黑夜如同白昼，烈火熊熊，浓烟滚滚，敌舰全部着火。敌人被烧得鬼哭狼嚎，

虎门之战场景陈列大楼

1841年2月26日，英军进攻虎门第二道防线诸炮台，关天培率军奋起抵抗。

四处逃窜，纷纷落入大海。这一次共烧毁敌舰23只、附近海面敌人的篷寮6座，捕获汉奸10名。

敌人非常怕火攻，林则徐就运用这种战术，到6月共5次火攻敌舰，使英军断粮断水，损失颇大，整日里心惊胆战。同时也狠狠地打击了汉奸，使他们不能接济英军。

1840年6月，震惊中外的鸦片战争爆发了。这是帝国主义公然保护毒品贩卖的侵略战争。由于清政府的腐败无能，中国从此走向半殖民地半封建社会的深渊。

1840年2月，英国政府为了保护鸦片毒品贸易，达到他们将中国殖民化的目的，正式任命原印度总督懿律为侵华英军总司令、全权代表；义律为副全权代表，组成东方远征军，开往中国。

1840年6月21日，这支拥有军舰16艘、武装汽艇4艘、运兵船1艘、运输船27艘、火炮540门、侵略军4 000人的远征军浩浩荡荡地开到澳门海面。28日，用炮艇封锁了珠江口，正式向中国开战。

战争的乌云笼罩着广东海面，大有“黑云压城城欲摧”之势，一场深重的灾难就要降临到中国人民的身上。

林则徐沉稳坐镇虎门，仔细、周密地布置兵力，加强战备，时刻准备回击侵略者。他看到广东沿海人民情绪激昂，便对广大群众进行动员，将群众发动起来，拿起武器，保卫家园。

他说："只要英军进入内河，允许人人持刀痛杀！彻底消灭，一个不留。杀死一名英军者，官府发赏银五十到一百元。"使广东变成了人民战争的汪洋大海。

英国侵略者看到虎门戒备森严，广东军民已充分做好了准备，觉得无机可乘，便北上，在浙江定海敲开了中国的大门，占领了定海，并以此为根据地，肆无忌惮地敲诈清朝政府。

英军在占领定海后，一路北上封锁天津，使道光帝十分恐慌。这时，以穆彰阿、琦善为首的反禁烟派乘机抬头。在皇帝面前诋毁林则徐，认为这场战争是林则徐禁烟引起的，他们从反对禁烟，转向卖国求荣，力主惩办林则徐。他们认为英国船坚炮利，中国根本无法招架，只有安抚，也就是妥协投降。

道光帝昏庸无识，本来就对禁烟摇摆不定，此时此刻，对林则徐产生了不满和厌恶情绪，决定惩办这位杰出的爱国主义者。改派琦善为钦差大臣到广州办理善后事宜。

琦善一到广州，就破坏了海防，与侵略者签订了丧权辱国的《穿鼻草约》，割让香港，赔偿烟价。英国政府接到《穿鼻草约》的报告以后，还认为得到的好处太少，不批准这个条约，并且撤掉了义律的职务，改派璞鼎查做侵华的全权代表。同时，增派兵船2艘，侵略军3500人，扩大侵略战争。

为讨好侵略者，1840年9月到10月间，道光帝以“误国病民”“办理不善”等罪名，将林则徐撤职，交由刑部严加查办，林则徐领导的轰轰烈烈的反帝爱国主义运动被扼杀了。

从此，清朝政府一味妥协投降，1842年，清朝在与英国的第一次鸦片战争中战败。清政府代表在泊于南京下关江面的英军旗舰康华丽号（亦译作皋华丽号）上与英国签署《江宁条约》，又称《中英南京条约》。

《中英南京条约》共13款，主要内容是：

1.宣布结束战争。两国关系由战争状态进入和平状态。

2.五口通商。清朝政府开放广州、厦门、福州、宁波、上海等五处为通商口岸，准许英国派驻领事，准许英商及其家属自由居住。

3.赔款。清政府向英国赔款2 100万两白银，其中600万两赔偿被焚鸦片，1 200万两赔偿英国军费，300万两偿还商人债务。其款分4年交纳清楚，倘未能按期交足，则酌定每年百两应加利息5两。

4.割地。割香港岛给英国。

5.中国海关关税应与英国商定。

6.废除公行制度，准许英商与华商自由贸易。

7.施行领事裁判权，严重破坏中国的司法主权。

《南京条约》是近代西方资本主义国家强加在中国人民身上的第一个不平等条约。英国以武力侵略的方式迫使中国接受其侵略要求，这就使中国主权国家的独立地位遭到了破坏。强占香港，损害了中国领土的完整。通商口岸成为西方资本主义对中国进行殖民掠夺和不等价交换的中心。巨额赔偿加重了清政府的财政负担，同时转嫁到劳动人民的身上，使他们的生活更加艰苦。《南京条约》签订后，西方列强趁火打劫，相继强迫清政府签订了一系列不平等条约。从此，中国开始沦为半殖民地半封建社会。

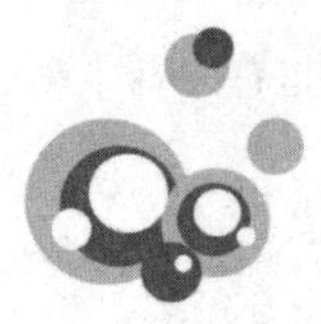

浩荡襟怀到处开

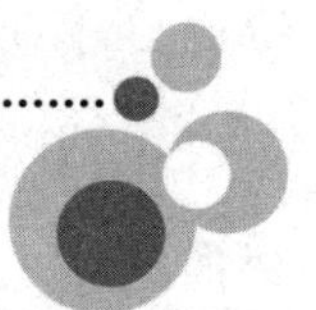

封建皇帝作为最大的私有者，总是以天上为私。道光在禁烟问题上本来就犹豫，大臣中也分两派。林则徐那篇著名的奏折，指出若再任鸦片泛滥，几十年后中原将“几无可以御敌之兵”，“无可以充饷之银”，狠狠地击中了他的私心。他感到家天下难保，所以就鞭打快牛，顺手给了林则徐一个禁烟钦差。林则徐眼见国危民弱，就赴重任，表示“若鸦片一日未绝，本大臣一日不回，誓与此事相始终”。他太天真，不知道自己“回不回”，鸦片“绝不绝”，不是他说了算，还得听皇上的。果然他上任只有一年半，1840年9月，林则徐突然接到道光皇帝“赏给四品卿衔，迅即驰驿赴浙江省，听候谕旨”的命令。于是，林则徐离开了广州，奔赴浙江的抗英前线。

林则徐曾经请求过道光帝，准许他“戴罪”前赴浙江，随营效力。现在这个请求实现了。

他到浙江后，协同钦差大臣裕谦办理镇海军营事务。老友裕谦对林则徐说："现在由则徐兄来协助我的事业，这镇海军事防御事务，大有希望了。"

林则徐急忙说道："哪里，哪里。我是'戴罪'随营的人，这大政方针，还是由你钦差大臣来定。"

裕谦说："不，不。在抗击英夷问题上，你比我有经验。还是互相协作嘛。你现在虽然被革职，但我在心里一直是支持你的。你看看这个——"

裕谦把上疏弹劾琦善的奏折给林则徐看。裕谦的上疏，时人读后莫不击节称快，林则徐见到这份奏章后，亲自誊录了一遍，并且在上面密密麻麻地作了圈点，连声说："好！这个奏章写得太好啦。"

裕谦说："今天我们到前线看看备战情况。"

林则徐说："好哇，走！"

钦差大臣裕谦领着林则徐考察镇海一带备战情况。

林则徐说："裕谦弟的准备工作，做的还是蛮不错嘛。"

裕谦则说："这样我还没有把握呢。和英国人打仗，没有一定的实力是不成的。"

林则徐向裕谦建议："你是否将浙东防务的重点从定海转向内地，以固门户？"

"这……"裕谦犹豫了，没采纳林则徐的建议。

林则徐在镇海效力不过一个多月，道光皇帝即下诏以莫须有的罪名，判处林则徐和邓廷桢就地发往新疆赎罪。

裕谦特别尊重林则徐，他奏请道光帝力荐起用将已被革职的林则徐继续留在浙江与提督余步云筹办浙东防务，协助抗英，但未获道光帝的批准。

晚上，裕谦府。

裕谦设家宴为林则徐送行。

林则徐和夫人就座。

裕谦说："孩子们也过来一起吃饭。"

于是，林则徐长子汝舟、三子聪彝、四子拱枢也来就座。

家丁余升上菜、斟酒。

裕谦说："小弟首先为林大人和郑嫂敬三杯酒。"

酒过三巡。

裕谦坐下来说："请嫂子吃菜！我记得，在北京的时候，经常到你们家吃饭，嫂子的手艺可好啦，我最愿意吃嫂子给我炖的土豆烧牛肉。"

林夫人笑着说："那还不是你教我的？"

"对。我们家开始吃牛肉，就是跟你学的呀。"林则徐也回忆起来。

这时，余升又送来一道菜。

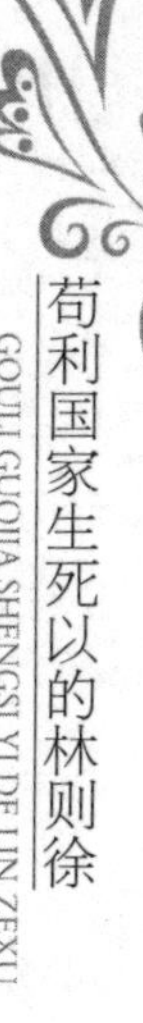

林则徐对余升说："今天余升也陪我喝酒吧。"

余升说："林大人还不知道？我什么时候喝过酒？"

"对，他从来不沾酒。"

余升走后，裕谦低声对林则徐说："他现在酒是不沾，可沾上了洋烟。"

"什么！"林则徐听后一振，"这可不好。我们禁烟禁的快连命都不要了，可连家里人都禁不住？"

"就是这么回事啦。"裕谦说，"一个我叔叔，吸毒而死的；一个是跟了我一辈子的家丁。"

林则徐坚决地说："这必须让他戒掉。"

海战博物馆——陈列展厅一角

裕谦说："我也正劝呢。"

"劝！必须劝！"林则徐再三强调。

余升又上菜。

林则徐说："余升啊，你不但跟随你这个现在的钦差大臣一辈子，你我也是老相识。今天，我作为裕谦的朋友也好，算你的老相识也罢，很郑重地劝你一句：你那个毛病必须改掉！这不光是你一个人的事，而且直接关系到钦差大臣的声誉！钦差大臣禁烟、抗英，而家里人都吸毒，这给外界什么影响？"林则徐有些激动。

"是！是！"余升跪地，满口答应。

"答应就好。请平身吧。"林则徐看着余升的态度，和气地说道。

余升退出后，裕谦有些醉意了，对林则徐说："来喝酒！今天哥俩喝他个一醉方休！"

"别，别。"林夫人急忙止住，"可不能这么喝。你们都有情绪，这样喝，马上就醉。醉了，则徐倒不要紧，可你现在还是钦差大臣啊！"

"怎么啦？这是在家里，钦差大臣连在家里喝酒的自由都没有？"

"可这里毕竟是官邸呀。"

"嫂子说得对，这里是官邸，是大清国派来的大官员的官府。可是，嫂子，我现在是舍不得你们离开我，远走他乡啊……”裕谦哭了。

林夫人捂住嘴跑到外屋。

林则徐也擦着眼泪。

“林兄，你的妻子儿女怎么安排?”裕谦问。

“我想先让他们侨居在南京。”林则徐答道。

“这样也好，”裕谦说，“您看我这里，是前线。要不安顿在这里是最好的。现在连我的弱妻和小女儿也在北京。唉，‘铁打的衙门，流水的官’。现在，别看我已经混到钦差大臣的任上，至今我都搞不清这官场的事。禁毒的人，抗英的人，反而成了罪人！说不定，哪一天我也走你的路，抗英了半天，变成罪状，发配到边陲。或者，就死在战场。”

“不对！”林则徐很严肃地说，“禁毒无罪！反侵略无罪!”

裕谦：“对啊！禁毒无罪！反侵略无罪！为了反侵略取得伟大胜利，干杯!”

“干!”

林则徐和裕谦痛痛快快地干了一杯。

翌日，钦差大臣裕谦专门派一艘军舰亲自把林则徐一家送到镇江。

在镇江，林则徐和裕谦的老朋友龚自珍、魏源早已等候了。这是裕谦事先已安排好的。

林则徐见了龚自珍，老远就伸出手来与他握手，并说："自珍啊，你也来迎我啦？你到浙江后，怎么连一封信都不给我写啦？"

龚自珍很尴尬，他只是说："一言难尽！一言难尽啊！"

"欢迎林大人！"魏源与林则徐寒暄。

"魏源！你好，你好！"魏源是林则徐任江苏巡抚时

海战博物馆

地处虎门镇大人山下，背山面海。这里是当年林则徐销毁鸦片的地方，现有林则徐销烟池旧址。馆区内设有抗英群雕像、林则徐雕像、虎门销化鸦片纪念碑和反映林则徐虎门销烟的基本陈列。馆区环境优美，是进行爱国主义教育的重要基地。

在江苏分别的，已经六年了，近日两位老友重见，又十分亲切。

林则徐、裕谦、龚自珍、魏源这四人，都是翰林出身的、北京宣南诗社的老诗友。今天，实际上也是这四位老友的最后一次相会。

晚餐之后，他们到魏源家，可谈了个通宵。

林则徐忽然做梦似地："陶澍呢？今天陶澍怎么没有到？"

龚自珍笑着说："你是不是在做梦？陶澍在三年以前不是已经上天了嘛。"

林则徐："不。我刚刚好像见到他啦。"

裕谦："不过，按理说，今天陶澍应该到。这样我们这些翰林院的人，都齐了。"

哲学家魏源还说他的哲理："留着点儿遗憾吧，世上哪有一件完整的事？"

龚自珍："不过，我们四个人也很快就陆续死去，到时去见陶澍，我们在天堂上聚会吧。"

众人大笑。

林则徐进入深沉状态。他拿出他在广州组织编译的《四洲志》草稿和各种外国资料，交给了魏源，他说："看起来，现在只有你能继续写这本书了。我把这些资料留给你，希望你继续收集和研究外国情况，编撰一本大型书籍，书名可以叫《海国图志》，给国人多介绍一些国外情况。”

魏源说：“好。我写。对付这些英夷，就得多多了解他们的情况，学习他们的技术，用他们的技术对付他们，这叫‘师夷之长技以制夷’。”

两天后，林则徐便离开了镇江，踏上了遣戍新疆的路途。裕谦回镇海，魏源继续留在镇江写《海国图志》，龚自珍到丹阳，没几日便暴死于江苏丹阳书院。

道光年间，中国一代精英就这样各奔前程了。他们再也没有互相见面。

璞鼎查向我国东南沿海进犯，但此时沿海各省却在撤兵，防务空虚。时任两江总督兼驻镇海前线钦差大臣的裕谦，获知英军可能再度进攻浙江的消息后，奏请暂缓撤退江浙两省调防官兵，但没有得到道光帝的同意。在兵力不足的情况下，裕谦动员民众布防备战。

林则徐在前往新疆的途中突然又收到道光帝的紧急命令，要他从遣戍途中立即折回河南开封，去祥符河工工地“效力赎罪”。这是王鼎自缢之前的事。王鼎时任督办河工的军机大臣。

为了治理黄河，拯救灾民的苦难，林则徐欣然前往祥符，去襄助王鼎办理堵口工程。林则徐有高明的治河才能，虽然现在他是个地位低下的“罪臣”，但他仍

旧一如既往治理河工。日以继夜，在工地上亲自督工奔波，以勤恳、认真和一丝不苟的态度，整顿了河工的积弊，很好地完成了祥符堵口工程。在庆贺完工的宴会上，督办河工的军机大臣王鼎，特请林则徐首座，大家都认为林则徐“襄力河工，深资得力”。然而，正在大家欢宴放杯痛饮的时候，传来了道光皇帝的圣旨：“林则徐于合龙后，差仍往伊犁”！王鼎和一些正直的官吏，原来都希望林则徐襄办河工之后，能够将功折罪，免于流放。但结果仍旧被遣戍伊犁，大家都为之愤愤不平。

林则徐匆匆整理行装，从祥符工地启程。王鼎去送他，涕泣不已。林则徐呈诗两首相赠：

幸瞻巨手挽银河，休为羁臣怅荷戈。
精卫原知填海误，蚊蛇早愧负山多。
西行有梦随丹漆，东望何人问斧柯。
塞马未堪论得失，相公且莫涕滂沱。

1841年7月，林则徐被处发配新疆，他心中充满了悲愤，壮志未酬，报国无门。他怀着忧伤的心情，告别了亲友，踏上了流放伊犁的路途。

在流放途中，他仍然利用一切机会为国为民尽力。

途经河南时，在开封治理了水患，为河南人民做了件大好事。

到达西安后，林则徐因患重病，就地医治，耽误了两个多月的行程。他决定辞别夫人，与儿子一起穿越茫茫戈壁。临行前他挥笔写下以下诗句：

出门一笑莫心哀，浩荡襟怀到处开。
时事难从无过立，达官非自有生来。
风涛回首空三岛，尘壤从头数九垓。
休信儿童轻薄语，嗤他赵老送灯台。
力微任重久神疲，再竭衰庸定不支。
苟利国家生死以，岂因祸福避趋之。

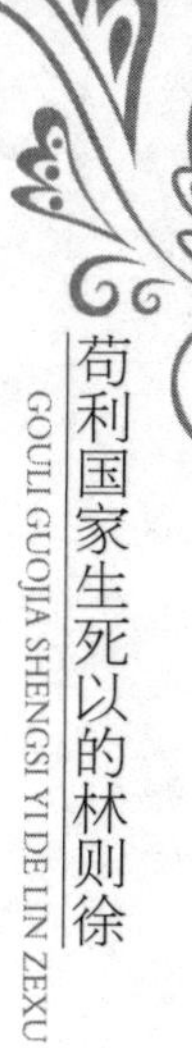

谪居正是君恩厚，养拙刚于戍卒首。

戏与山妻谈故事，试吟断送老头皮。

这首诗抒发了这位伟大爱国者的博大胸怀，禁烟抗英，利国利民，被屈辱放逐，意志未摧，个人荣辱不足挂齿，到新疆一样报效国家。

就在林赴疆就罪的途中，黄河泛滥，在军机大臣王鼎的保荐下，林则徐被派赴黄河戴罪治水。半年后治水完毕，所有的人都论功行赏，惟独他得到的却是“仍往伊犁”的谕旨。林则徐就是在这样一而再、再而三的打击下西出玉门关的。

但是，自从林则徐开始西行就罪，随着离朝廷渐行渐远，朝中那股阴冷之气也就渐趋淡弱，而民间和中下层官吏对他的热情却渐渐高涨。这种强烈的反差不仅是当年林则徐没有想到，就是一百多年后的我们也为之惊喜。

林则徐在广东和镇海被革职时，当地群众就表达出了强烈的愤懑。他们不管皇帝老子怎样说，怎样做，纷纷到林则徐的住处慰问，人数之众，阻塞了街巷。他们为林则徐送靴伞，送香炉、明镜，还送来了52面颂牌，痛痛快快地表达着自己对民族英雄的敬仰和对朝廷的抗议。林则徐治河之后又一次遭贬，中原立即发起援救高潮，开封知府邹鸣鹤公开宣示："有人能救林则徐者酬万金。"林则徐自中原出发后，一路西行，接受着为英雄壮行的洗礼。不论是各级官吏还是普通百姓都争着迎送，都想尽力为他做一点儿事，以减轻他心理和身体上的痛苦。山高皇帝远，民心任表达。

1842年8月21日，林则徐离开西安，"自将军、院、司、道、府以及州、县、营员送于郊外者三十余人"。抵兰州时，督抚亲率文职官员出城相迎，武官更是迎出十里之外。过甘肃古浪县时，县知事到离县31里外的驿站恭迎。林则徐西行的沿途茶食住行都被安排得无微不至。进入新疆哈密，办事大臣率文武官员到行馆拜见林，又送坐骑一匹。到乌鲁木齐，地方官员不但热情接待，还专门为他雇了大车5辆、太平车一辆、轿车两辆。1842年12月11日，经过4个月零3天的长途跋涉，林则徐终于到达新疆伊犁。伊犁将军布彦立即亲到寓所拜访送菜、送茶，并委派他掌管粮饷。这哪里是监管朝廷流放的罪臣啊，简直是欢迎凯旋的英雄。林则徐是被皇帝远远甩出去的一块破砖头，但这块破砖头还未落地就被中下层官吏和民众轻轻接住，并以身相护，安放在他们中间。

经过一年多的艰苦颠簸，终于到达了目的地——新疆。此时的林则徐已是重病在身，瘦弱不堪。但他不愿意卧床休息，决心在有生之年振奋精神，在祖国的大西

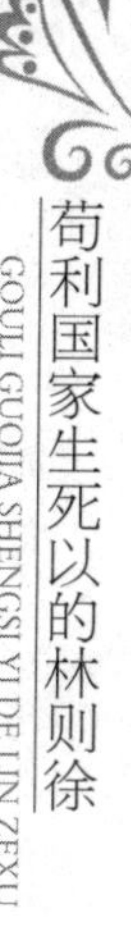

北有所建树，为民尽力。

现在等待林则徐的是两个考验：

一是恶劣环境的折磨。从现存的资料看，我们知道林则徐虽有民众呵护，还是吃了不少苦。由于年老体弱，路途颠簸，林则徐一过西安就脾痛，鼻子流血不止。当他从乌鲁木齐出发取道果子沟进伊犁时，大雪漫天而落，脚下是厚厚的坚冰，无法骑马坐车，只好徒步，向南而行。陪他进疆的两个儿子，于两旁搀扶老爹，心痛得泪流满面，遂跪于地上对天祷告：若父能早日得赦召还，

“虎门海战”半景画

以写实的绘画与逼真的地面塑形，运用特技灯光和音响效果等现代科技手段，再现1841年2月26日虎门海战的战争场面。这是半景画的局部。

孩儿愿赤脚走过此沟。林则徐到伊犁后，“体气衰颓，常患感冒”，“作字不能过二百，看书不能及三十行”。历史上许多朝臣就是这样死在被发配之地，这本来也是皇帝的目的之一。林则徐感到一个无形的黑影向他压来，他在日记中写道：“深觉时光可惜，暮景可伤！”“频搔白发渐衰病，犹剩丹心耐折磨”，他是以心力来抵抗身病啊。

二是脱离战场的寂寞。林则徐是一步一回头离开中原的。当他走到酒泉时，听到清政府签订《南京条约》的消息，痛心疾首，深感国事艰难。他在致友人书中说：“自念一身休咎死生，皆可置之度外，惟中原顿遭蹂躏，如火燎原……侧身回望，寝馈皆不能安。”他赋诗感叹：“小丑跳梁谁殄灭，中原揽辔望澄清。关山万里残宵梦，犹听江东战鼓声。”本来封建社会一切有为的知识分子，都希望能被朝廷重用，能为国家民族做一点儿事是有为臣子的最大愿望，是人们人生价值观的核心。现在剥夺了这个愿望就是剥夺了他们的生命，虎落平川，马放南山，让他在痛苦和寂寞中毁灭。

玉门关外风物凄凉，人情不再，实在是天设地造的折磨罪臣身心的好场所。你走一天是黄沙，再走一天还是黄沙；你走一天是冰雪，再走一天还是冰雪。不见人，不见村，不见市。这种空虚与寂寞，与把你关在牢中目徒四壁，没有根本区别。马克思说，在其现实性上，人的本质是一切社会关系的总和。把你推到大漠戈壁里，一下子割断你的所有关系，你还是人吗？鸣呼，人将不人！特别是对一个博学而有思想的人、一个曾经有作为的人、一个有大志于未来的人。

“腊雪频添鬓影皤，春醪暂借病颜酡。三年漂泊居无定，百岁光阴去已多。”

“新韶明日逐人来，迁客何时结伴回？空有灯光照虚耗，竟无神诀卖疾呆。”（《除夕书怀》）

他一个人这样过除夕：“雪月天山皎夜光，边声惯听唱伊凉。孤村白酒愁无奈，隔院红裙乐未央。”（《中秋感怀》）

他一个人这样过中秋：“嫡居权作探花使。忍轻抛、韶光九十，番风廿四。寒玉未消冰岭雪，毳幕偏闻花气。算修了边城春禊，怨绿愁红成底事，任花开花谢皆天意。休问讯，春归未。”（《金缕曲春暮看花》）

他在季节变换中咀嚼着春的寂寞。

当权者实在聪明，他就是要让你在这个环境里无事可做，消磨掉理想意志。不管你怎样地怒吼、狂笑、悲歌，那空旷的戈壁瞬间就将这一切吸收得干干净净，这比有回音的囚室还可怕。任你是怎样的人杰，在这里也要成为常人，庸人，失魂落魄。林则徐是一个有经天纬地之才的良臣，是可以作为历史标点的人物。禁烟的烈火仍在胸中燃烧，南海的涛声还在耳边回响，万里之外朝野上下还在与英国人作无奈的抗争，而他只能面对这大漠的寂寞。兔未死而狗先烹，鸟未尽而弓先藏。“何日穹庐能解脱，宝刀盼上短辕车。”他是一个被捆绑悬于壁上的壮士，心急如焚，而无可用力。

怎么摆脱这种状况？最常规的办法是处过且过，忍气苟安，争取朝廷早点召回。特别不能再惹是非，自加其罪。一般还要想设法讨好皇帝，贿赂官员。这时内地林的家人和朋友正在筹措银两，准备按清朝法律为他赎罪。林则徐却断然拒绝，他写信说，“获咎之由，实与寻常迥异”，“此事定须终止，不可渎呈”。他明确表示，我没有任何错，这样假罪真赎，是自认其咎，何以面对历史？他没有一点儿私欲，不必向任何人低头，为了自己

『虎门故事』展览农家院落场景

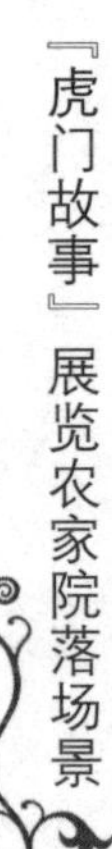

抱定的主义，他能容得下一切不公平。他选择了上对苍天，下对百姓，我行我志，不改初衷，为国尽力。

林则徐看到这里荒地遍野，便向伊犁将军建议屯田固边，先协助将军开垦城边的20万亩荒地。垦荒必先兴水利，但这里向无治水习惯与经验，林则徐带头规范，捐出自己的私银，承修了一段河渠。这被后人称为“林公渠”的工程，一直使用了123年，直到1967年新渠建成才得以退役。就像当年韩愈发配南海之滨带去中原先进耕作技术一样，林则徐也将内地的水利、种植技术推广到清王朝最西北的边陲。他还发现并研究了当地人创造的特殊水利工程“坎儿井”，并大力推广。皇帝本是要用边地的恶劣环境折磨他，他却用自己的意志和才能改造了环境；皇帝要用寂寞和孤闷郁杀他，他却在这亘古荒原上爆出一声惊雷。

林则徐在伊犁修渠垦荒卓有成效，但就像当年治好黄河一样，皇帝仍不饶他，又让他到南疆去勘察荒地。北疆虽僻远，但雨量较多，农业尚可。南疆沙海无垠，天气燥热，人烟稀少，语言不通。这无疑又是对林则徐的一场更大更苦的折磨。对皇帝而言，这是对他的进一步惩罚，而在他，则是在暮年为国为民再尽一点儿力气。

1845年1月17日，林则徐在三儿聪彝的陪伴下，由伊犁出发，在以后一年内，他南到喀什，东到哈密，勘遍东、南疆域。他经历了踏冰而行的寒冬和烈日如火的酷暑，走过“车箱颠簸箕中粟”的戈壁，住过茅屋、毡房、地穴，风起时“彻夕怒号”“毡庐欲拨”“殊难成眠”，甚至可以吹走人马车辆。林则徐每到一地，三儿与随从搭棚造饭，他则立刻伏案办公，“理公牍至四鼓”，只能靠第二天在车上假寐一会儿，其工作紧张、艰辛如同行军作战。对垦荒修渠工程他必得亲验土方，察看质量，要求属下必须“上可对朝廷，下可对百姓，中可对僚友”。别人十分不理解，他是一个戍边的罪臣啊，何必这样认真，又哪来的这种精神？说来可怜，这次受旨勘地，也算是“钦差”吧，但这与当年南下禁烟也完全不同。这是皇帝给的苦役，活得干，名分全无。他的一切功劳只能记在当地官员的名下，甚至连向皇帝写奏折、汇报工作、反映问题的权利也没有，只能拟好文稿，以别人的名义上奏。这是何等的难堪，又是何等的心灵折磨啊。但是他忍了，他不计较，只要能工作，能为国出力就行。整整一年，他为清政府新增69万亩耕地，极大地丰盈了府库，巩固了边防。林则徐真是干了一场“非分”之事，他以罪臣之名，而行忠臣之事。

林则徐还有一件更加“分外”的事，就是大胆进行了一次“土地改革”。当勘地工作将结束，返回哈密时，路遇百余官绅商民跪地不起，拦轿告状。原来这里山高皇帝远，哈密王将辖区所有土地及煤矿、山林、瓜园、菜辅等皆霸为已有。当地汉、维群众无寸土可耕，就是驻军修营房拉一车土也要交几十文钱，百姓埋一个死人也要交银数两。土王大肆截留国家税收，数十年间如此横行竟无人敢管。林则徐接状后勃然大怒：“此咽喉要地，实边防最重之区，无田无粮，几成化外。”立判将土王占一万多亩耕地分给当地汉维农民耕种，并张出布告：“新疆与内地均在皇舆一统之内，无寸土可以自私。民人与维吾尔人均在对恩并育之中，无一处可以异视。必须互相和睦，轸域无分。”为防有变，他还将此布告刻成碑，“立于城关大道之旁，俾众目共瞻，永昭遵守”。布告一出，各族人民奔走相告，不但有了生计，且民族和睦，边防巩固。要知道他这是以罪臣之身又多管了一件“闲事”啊！恰这时清朝赦令亦下，林则徐在万众感激和依依不舍的祝愿声中向

关内走去。

他看到新疆到处是未垦荒地，百姓生活艰难，衣食无着，决心在这片荒滩上开垦良田，使边疆人民过上富裕生活。为了发展农业生产，林则徐向布彦泰将军提出开垦荒地的要求，布彦泰采纳了这一意见。从1843年秋天开始，林则徐以他衰老的病躯，不辞劳苦，当起了“愚公”，负责开垦惠远城东边的阿齐乌苏荒地。这是一项极为艰巨繁重的工程。要将不毛之地变成可以耕种的良田，必须开挖渠道，引水灌溉。林则徐带领民工，挑挖沙石，建坝筑堤，足足耗时一年零四个月，用工十万余，最终修成一条6里长的主干大水渠。水渠修成以后，为当地垦地创造了极为有利的条件，屯田收到显著效果。到1844年11月，林则徐已开垦了大量荒地:阿齐乌苏地区33 350亩、阿勒卜斯地区161 000亩。

布彦泰在林则徐的垦地成功后，给道帝写了一个奏章说:林则徐到伊犁后，劳绩可嘉，是一位好官，平生所见之人，再也没有比林则徐更好的了，如此有用之才，废置边塞，实在可惜，要求对他既往不咎，重新起用。但由于投降派从中作梗，道光帝不仅没有采纳布彦泰的这一建议，反而命令林则徐到南疆继续开垦荒地。

布彦泰见林则徐年老多病，便关心地问:是愿意去远的地方还是愿意在近的地方？林则徐毫不犹豫地回答："林某愿远。"启程后，林则徐到一城，查一城，一年之内先后到达库车、乌什、阿克苏、和阗等九座边城，行程三万余里，足迹遍及天山南北的广袤地域，丈量和查勘垦地共计689 718亩。从1843年秋到1845年11月，大约两年的时间，林则徐在新疆百姓的大力支持和密切配合下，总共开辟各方屯田884 068亩。有书籍记载林则徐的这一功绩："由于林则徐的查勘开垦，使新疆的大漠广野，都变成肥沃良田，农户炊烟相望，田野耕作皆满，合兵农为一体，每年为国家省经费无数，回民的生计亦由此而充裕。"

林则徐在开垦荒地中，都十分重视兴修水利，改善

农田灌溉。在吐鲁番，他发现一种被当地人称为“卡井”（坎儿井）的水利设施，看到水在土中穿穴而流，惊叹不已。后来经询问当地群众，才知道这是一种因地制宜、可长期采用、效果良好的地下水利工程。他很快就把这一灌溉方法加以改进:增挖穿井渠，每隔丈余挖一口井，连环导引水田，使井水通流。并推广到新疆各地，使“卡井”有如繁星满天，在伊犁河谷一带到处出现。新疆百姓就把“卡井”称为“林公井”，把水渠称为“林公渠”，以表示对林则徐造福地方的深切怀念和感激。

此外，林则徐在新疆还积极传播纺纱技术。内地人民使用的纺车，很早就传入吐鲁番等产棉地区，但一向不被重视。林则徐认为，像吐鲁番这样的产棉地区，棉多质好，更应该提高棉纺技术，改善纺纱质量。在他的倡导下，各地纷纷采用纺车，使内地的纺纱技术得到比较广泛的推广。当地人民为了纪念林则徐的这一贡献，便把他推广的纺车称为“林公车”。

跑遍新疆的林则徐绘制了很多翔实的边防地图，专门送给钦差大臣左宗棠，为左宗棠后来收复新疆帮了大忙。

到1845年，鸦片战争早已尘埃落定，投降派官员的罪恶真相大白。这时，道光帝终于良心发现，觉得还是林则徐可靠。于是，这年10月28日，道光帝以布彦泰奏陈林则徐在新疆开垦功绩为由下诏，命林则徐回京以四品京堂候补。晚年，他仍然关心国家和民族的利益，他告诫人们在警惕和抗御海上强敌的同时，还应该注意陆地上的敌人——沙皇俄国。他大声疾呼，沙皇俄国将成为中国的大患，在我国历史上第一次敲响了俄患的警钟。

至此，经过5年的苦熬，已经61岁的林则徐终于摘掉了“罪臣”的帽子。后来，林则徐又得到朝廷的重用，先后被任命为三品顶戴署理陕甘总督、陕西巡抚、云贵总督，并因制止回、汉冲突有功，被皇上授予“太子太保”头衔，赏戴花翎，重登人臣之极的地位。

1850年10月17日，已经告老还乡的林则徐，又被新登基的咸丰皇帝再度起用，派为钦差大臣前往广西镇压天地会起义。

但是，抱病出征的林则徐，未及抵达广西，便于11月22日病死在广东潮州普宁县行馆。

终年66岁。

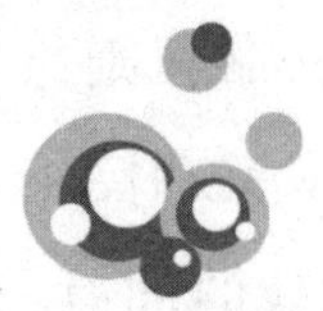

身前伟绩，后人评说

对于那些具备一定历史常识的当代中国人来说，林则徐无疑是中华民族历史上一个举足轻重的英雄人物。1994年，曾经有人对西北农村四所中学的220名初三学生进行过一次历史知识测试，要他们写出自己熟悉的十位中国古代历史人物，对回收问卷的统计结果显示，林则徐的出现频率高居第一位。

历史记忆的载体有很多种，而教科书无疑是其中最具影响力的一种。以下几本较有影响的教科学对林则徐做出这样的评价：

较早对林则徐作出积极肯定评价的，是1940年由商务印书馆推出的郭廷以的《近代中国史》，他在该书中指出："林文忠公则徐之为鸦片战争中的中心人物，这是中外所公认的。但是就外国人的眼光来看，总以为他太自大，太强横，他对外的态度完全是传统的东方式的，不若和他同时同在此幕剧中占同样重要地位的满洲人琦善、耆英等具有外交家的风度与知识。这种论调打动了近今中国新史家的心感，于是发生所谓林则徐琦善优劣论，认定林则徐的对外知识赶不上琦善，自信太过，而琦善则是知己知彼。我们并不要肯定地说林文忠公具有完全的国际知识，然而我们也不便承认在这一方面琦善高出于林文忠公……即使林文忠公缺乏对外知识，而他的精神与人格仍旧是值得赞许的。”

人民出版社1954年出版的范文澜的《中国近代史》中说：“林则徐是少数进步人士的代表者，这种进步性主

林则徐纪念馆

要表现在依靠人民的力量，坚决抵抗外国侵略。在他的言行中，丝毫不曾畏惧英国的船坚炮利，他极畏惧的却是掌握着政权的腐朽势力。事实上也是林则徐在军事上不败于英军，而在政治上败于道光皇帝的荒淫指导和投降派的阴谋破坏。”

湖南人民出版社1958年出版的林增平的《中国近代史》中说：“英国侵略者一再发动战争的挑衅并没有将林则徐吓倒，相反的是促使林则徐采取积极从事防御侵略的措施。林则徐自到广东以后，就着手整顿广东海防，并开始了解国外情况……特别是林则徐有依靠民众的思想，他深信“民心可用”，确认民众‘必能自保身家，团结御侮’。在林则徐的策划下，广东的防务相当的稳固。”

林则徐塑像

上海人民出版社1959年出版的《中国近代历史故事》中说：“1839年3月，林则徐到了广州。他一到广州，就把做鸦片生意的中国奸商抓了起来……广东方面，经过林则徐努力整顿，腐败的清军都成了能打仗的部队，广大人民群众，也已经组织起来，军民团结一致，反抗侵略的情绪十分高涨。1840年6月，大批英国军舰陆续开到广州附近，封锁了海口。林则徐日夜在阵地上督促防守的军队，还下命令给全城军民说，如果英国军舰开进内河，准许人民拿刀痛杀。老百姓都行动起来了，他们在沿海一带，协助官兵侦察英国军舰的活动，捉拿奸细，有人还假装到英国军舰上去做买卖，趁机放火烧船，或者配合官兵，里外夹攻。英国军舰吃了几次苦头后，不敢再在海面上停留，只得日夜东漂西泊。他们打听不到广州的情况，因此也不敢进攻。特别是，淡水和粮食都弄不到手，简直不能再待下去了。7月初，就只好离开广州向北活动了。”

在上述这些叙述模式中，肯定林则徐是一个无所畏惧的英雄；鸦片战争之所以失败，完全是因为清政府统治者的昏庸腐朽和投降派的暗中破坏；如果当时清政府能从始至终重用林则徐，那么这次战争的结果就会大不相同。如此，林则徐为侵华英军所惧怕这样一种印象便在几代民众心中形成。这表明当历史上天朝大国的那点骄傲和自信被残酷的现实敲击得支离破碎的时候，中国人迫切需要一种心理信念的支撑。因而当林则徐的英雄形象被确立起来以后，人们是相信的。

此外，中华人民共和国成立以来主流观点在评价林则徐的时候，还着重强调了其身上所体现的“人民性”。也就是说，林则徐之所以伟大，之所以具有时代进步性，很重要的一点是因为他注意团结和依靠人民群众。

范文澜在其《中国近代史》中说：“林则徐是少数进步人士的代表者，这种进步性主要表现在依靠人民的力量，坚决抵抗外国侵略。”

上海教育出版社1957年出版的《高中中国近代史教学参考书》中也说：“林则徐是中国近代史上一个重要人物，他虽然是封建统治阶级中的一员，但是他的行动，他的思想已经突破了他本人阶级的限制，符合当时广大人民的利益……林则徐领导的这一坚决的、彻底的爱国保民的运动，具有广大的群众基础，他得到人民的热烈支持。”

上述以英雄主义、民族主义和民众主义为主要诉求的林则徐英雄话语的影响一直延续到今天。不过值得注意的是改革开放以来，随着整个国家把主要精力转移到现代化建设上来，关于林则徐的叙述和评价也相应地发生了一些变化，林则徐“开眼看世界”的一面得到了前所未有的强调。

天津人民出版社1993年出版的傅美林、陈文蔚的《新编中国近代史（1840—1949）》中说：“林则徐厉行禁烟政策，但并不反对正常的中外贸易。他提出‘奉法者来之，抗法者去之’的主张……林则徐一面还击侵略者的挑衅，一面加紧进行战斗的准备。林则徐自到广州以后，就用心研究国际形势，派人翻译外国书报，了解情况。”

北京师范大学出版社1994年出版的郑师渠的《中国近代史》中说：“虎门销烟后，林则徐宣布开放中英贸易，但要求进口商船出具甘结，保证永不夹带鸦片！林则徐还很注意把握对敌斗争的策略。他反对西方殖民者一切危害中国利益的侵略行径，但是并不禁止外商进行正当贸易，提出了‘奉法者来之，抗法者去之’

伊犁林则徐纪念馆

的主张……林则徐还不顾清政府高级官员不得与外国人往来的惯例，向他们宣讲清政府的禁烟政策，沟通了中外之间的必要联系。”

古今中外的学者也对林则徐做出了高度评价：

清代著名思想家、史学家魏源对林则徐做了全面和崇高的评价：“品望重当朝，犹忆追陪瞻雅范；褒荣垂史乘，徒殷景仰吊遗徽。”

美国学者马士在其《中华帝国对外关系史》中，说林则徐是“一位具有非凡能力的行政官员”，“是（道光）皇帝的化身”。他认为“林钦差的整个经历明净如水晶。

伊犁林则徐纪念馆门口的两门炮

他的动机是禁止鸦片的输入和消费，为了达到此目的，他准备采用一切手段”。这位马士先生大概是出于对鸦片走私的凶恶以及清廷的腐败有深刻的了解，所以他又断言：“他的任务是毫无希望的。”

英国人包令曾任英国驻广州领事，兼驻华商务监督，后升任英国驻香港总督，兼驻华公使，他是挑起第二次鸦片战争的元凶，是扩大英国对华侵略的一员干将。但在他的内心世界中，对林则徐却充满了敬佩。在1851年至1852年合刊的《皇家亚洲协会中国分会会刊》上，刊有包令写的《钦差大臣林则徐的生平及著述》一文。1852年12月14日包令本人在英国皇家亚洲学会上宣读了此文。包令的文章中说林则徐是“中国政治家中最卓越的人物”。“在中国，可以说林则徐是该国人民的缩影——那个庞大帝国的舆论，集中表现在这个人身上。他是中国一位理想的爱国志士。他是圣人，而且是万圣之圣。他把自己的智慧同传统的智慧结合了起来。”包令说林则徐是“中国爱国志士的骄傲”，说他“太伟大了，不会被人遗忘”。包令还说林则徐“忠诚地、几乎不间断地为他的国家服务了36年。在社会生活中，他以廉洁、睿智、行为正直和不敛钱财著称”。包令号称“中国通”，能说粤语，他对林则徐的了解和评价，在外国人中是最可信的。

费正清博士主编的《剑桥中国晚清史》，对林则徐的评价是："他的经历清白无瑕。他有着一个从未犯过错误的人的强烈信心。他为人处世很讲道德，有强烈责任感。"这本书还分析了林则徐、龚自珍、魏源等人从程朱理学的桎梏中解脱出来，采取经世致用的立场，对中国社会进步的作用。

美籍华人学者所著《林钦差与鸦片战争》一书，对林则徐进行了更加全面的分析与评价，其中说林则徐"以他的勤奋、改进政府工作的强烈愿望以及全力为民谋利的信念而著称"。他认为："在所有19世纪的中国政治家中，林则徐的形象和影响都超过了其他人。鸦片战争对中国国内的发展和外交关系都产生了深远的影响。比曾国藩、李鸿章早二三代人的时间，林则徐就已提倡和发动了向'蛮夷'学习的自强运动。"他进一步指出："他的广州之行是为了建立一项新的外交政策，为广州贸易制度改革或更现代化的机构

林则徐画像

打下基础，更重要的是为了同西方不可避免的、日益增加的接触做好准备。”

原新疆社会科学学院院长、林则徐研究专家邵纯教授的观点有三：

其一，从政治定位上看，林则徐是古代最后一位，也是近代第一位民族英雄，具有承上启下的作用，毛泽东曾评价他为民主革命的先驱。邵教授认为，在中国历史上，杰出的人物多如过江之鲫，但其中却无人能与林则徐相比。

其二，从阶级定位上看，任何民族的历史上都会存在两种人，一种是游离于阶级之外的人，这些人好吃懒做，游手好闲，贪财好色，总之就是社会公害；而另一种是超然于阶级之上的人，这类人就是民族英雄，林则徐就是典型代表。他既不代表地主阶级，也不代表农民阶级，他是民族英雄，代表的是全民族的利益。尽管表面上看，他似乎代表着地主阶级的利益，但实际上，他的心中装的是人民。在他内心有“八哀”，他会为处于灾难中的百姓声泪俱下，也会为贫苦农民彻夜难寐，这样的人，是超然于阶级之上的民族英雄。

其三，从文化角度上看，林则徐是一位大学问家。他一生著书三百多万字，几乎涉及中国文化中的一切方面，是中国优秀文化传统的集大成者。林则徐沿袭了儒家中“仁”的思想，他信仰佛教。他认为，所谓神，要“聪明正直，有功德与民，能驱除灾害”，可见即使在他的宗教信仰中，也深深透露着爱民的思想，这与我们一般理解的迷信行为有着天壤之别。

此外，林则徐在学术界也有相当大的影响。其一生著有《云左山房文钞》《云左山房诗钞》《使滇吟草》等。所遗奏稿、公牍、日记、书札等辑为《林则徐集》。其名言“海纳百川有容乃大，壁力千仞无欲则刚”流传中华大地。在广东禁毒期间，为了解中国以外的世界，林则徐殚精竭虑，求知若渴，令自己身边通晓英语的人员，翻译了英国人瑞慕所著的《世界地理大全》，辑成《四洲志》书稿，其中记述了三十多个国家的地理和历史，开创了中国近代学习和研究西方的风气，是中国近代维新思想的先驱。林则徐、魏源合作完成的《海国图志》是中国近代介绍西方文明的开山之作，对日本社会的重大变革所发生的影响尤其巨大。据王晓秋《鸦片战争对日本的影响》一文介绍说，魏源的《海国图志》《圣武记》等书出版后，随中国去日本的商船带到日本出售，供不应求。日本幕府中的四位“老中”（幕府中的最高官员），一人买了一套。由于内容的重要，日本人纷纷翻译《海国图志》，扩大发行，此书在日本从官方到民间，很快风靡一时。当时的日本，也是一个封闭的、落后的国家，

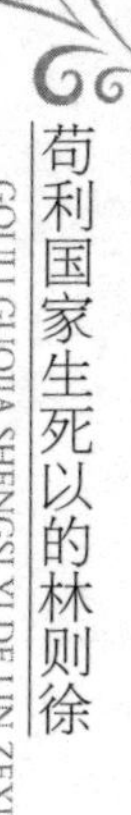

《海国图志》一书，对日本人了解世界的情况起了启蒙的作用。

总体来说，林则徐是中国近代第一位带头起来反抗西方殖民主义侵略的民族英雄，是言行一致的爱国者。他领导的禁烟斗争，向世界表明了中国人民对鸦片烟毒的深恶痛绝和反抗外国侵略的坚强决心，表明中国人民是一个酷爱自由、不畏强暴的民族，也揭开了中国近代民主革命的序幕。1858年，马克思在所著鸦片贸易专论里就肯定了林则徐的这一禁烟壮举。林则徐是一位不避风险、以身许国的政治家，不但在侵略者面前表现出大无畏的英雄气概，英勇地捍卫国家主权和民族尊严，而且在遭受国内政敌陷害打击的时候，仍然始终坚持爱国

理念，从不动摇。他一生清廉自好，恪尽职守，兴利除弊，锐意改革，发展经济、关注民生。“苟利国家生死以，岂因祸福避趋之”的著名诗句，抒发了他决心为国家和民族的利益，不惜牺牲个人的崇高思想感情。这种不顾个人得失的高尚的爱国主义情操，正是中华民族历经艰难终能生生不已的精神源泉，至今仍为人们广泛传颂。

林则徐用心谋求兴国之道，是一位具有世界眼光的思想家，是中国近代启蒙思想的先驱者。他十分注意了解和研究外部世界，最先提出“师夷之长技以制夷”的思想，我国著名历史学家范文澜先生评价林则徐是近代中国“开眼看世界的第一人”。近代中国始终面临两大主题：一是抵御列强侵略，捍卫国家主权；二是推翻封建统治，寻求符合世界潮流的富强之道。林则徐享有崇高地位，得到后人的尊敬和普遍赞誉，很大程度上就在于他在认识和处理中国近代这两大历史主题上，走在了同时代人的前列。今天我们纪念林则徐，就是要继承和发扬林则徐的爱国主义精神、改革进取精神和勤政为民的思想。

林则徐为官四十载，努力地探索着救国济民的道路，他也是中国近代历史上第一位睁眼看世界的人，积极主张学西方先进之处。同时，他是在国难当头之时禁烟御辱、抗击帝国主义殖民侵略的第一人。作为民族的英雄，国家不会忘记，人民不会忘记，历史不会忘记，天安门广场人民英雄纪念碑上，镌刻着林则徐虎门销烟的业绩，虎门公园里，耸立着林则徐抗侮御敌的丰碑。

中华
爱国
人物故事
ZHONGHUA AIGUO RENWU GUSHI